三つの個性

須賀哲夫

SUGA TETSUO

THREE TYPES OF TEMPERAMENT

北大路書房

まえがき

本書は人びとの個性が三つのタイプで理解されることを説明するものです。昔からよく知られた気質と性格の理論に基づいております。

高校生でも楽に読めるようなわかりやすさをめざし、心理学専攻の大学院生にも訴えるような斬新さをこころがけました。この二つを一緒にめざすのは奇妙に思われるかもしれません。心理学特有の歴史的な事情がありまして、それが可能なのです。本書がそれを実現する例となるように努めました。

本書は「個性の心理学」です。

人間の個性を説明する仕方にはさまざまな方法があります。日本では血液型による四つのタイプの考え方が断然よく知られています。血液型性格論は日本社会にとけ込んでいて、日常会話によく顔を出します。なぜこれほど愛用・多用されるのでしょうか。単純さとわかりやすさとが重要なことは疑う余地がないと思われます。「血液型は何ですか?」と尋ね、「ああ、やっぱりネ」と納得します。このように日常使われる血液型性格論なのですが、血液型は心理学の教科書では用いられませんし、ほとんど評価されてもおりません。

日本の心理学ではアメリカの実証主義的心理学の影響が強く、性格判断は(週刊誌やテレビなどでおなじみの)質問紙による方法が主流です。これだと個性の分類は血液型のように単純にはまいりません。測定論のやっかいな段取りが必要なので、わかりにくく晦渋の感じがただよいます。その心理学的な検査結果と、日常愛好されている血液型性格判断とはどの程度一致するのでしょうか。一致度が高いという証拠はまったくない、ということが学会報告されています。心理学で血液型が信用されない理由です（注意しなければなりません。血液型が信用できない、というのは一つの解釈なのです。別の解釈もできます。心理学の方が信用できない可能性だってありますし、両方とも信用できないのかもしれません）。

血液型性格論は体質と性格を関係づける日本独特のものですが、まだまだほかにもたくさんの理論があります。気質は体液の組成の違いによって四つ（胆汁質、黒胆汁質、多血質、粘液質）にわかれるという考え方があります。ギリシャの昔に唱えられて、西洋の伝統にいまも残っているものです（どちらも四つなのは偶然の一致でしょうか）。

二十世紀には医学や心理学の分野でさらにいくつかの性格論や気質論が追加されました。ユングの提唱した「外向性と内向性」の分類軸はよく知られています。精神分析学のさかんなフランスでは、一九七〇年頃に（考え方そのものの起源は三十年以上遡れるようなのですが）ルイ・コルマンの唱導した「顔立ちと気質」の心理学が人気を博しています（たとえば巻末文献20）。モルフォ・プシコロジーとよばれ、顔立ちで気質や行動特徴がわかるとされます。私の蔵書でも十冊を超えていますから、専門書や解説書の出版点数は数十冊以上と思われます。フランス大学出版会から何冊も出されている傍ら、「早わかり」本やムック類まで出ていますから、日本の血液型に劣らぬほどの普及度が推しはかられます。この理論では性格だけではなくて、知能についての診断にも顔立ちが関係するとされています。首をかしげるひともいるでしょう。興味に駆られるひともいることでしょう。ただ、日本の心理学はアメリカに傾いていて、コルマン理論を紹介する学者はいまのところまったく見当たりません。
コルマン理論は、「体質と気質の間には関係がある」というギリシャ以来のヨーロッパ的な考え方の新しい表現と見られます。本書で述べる「三つの個性」論はこうした生物学的な気質論の伝統のなかに根ざしています。二十世紀の前半に提唱されたものです。

関連した人物名でいえば、クレッチマー（精神病理学の始祖の一人）、シェルドン（体型と気質の関係を発生学的に理論化したひと）、スティーブンス（アメリカ計量心理学の始祖の一人）、安永浩（ファントム理論を提起した精神科医）、それに久保田正人（先年逝去した出色の発達心理学者）などの重要な研究に基づいております。

本書で述べるのは「三つの個性」理論なので、単純さでは血液型性格論より優っています。実証主義的な心理学者から「そんなに単純でよいのだろうか」という批判を受けるかもしれません。実証主義的な立場は測定論の立場です。身長を記述するのに一七〇センチと一七〇・五センチは〇・五センチの違いがあるということを重視します。これとは違った行き方もあり得ます。身長を述べるのに「背が高い」「中くらい」「小柄」というような質的な記述にとどめるのです。細部にわたって区別するのでなく必要な少数のカテゴリーに分ける立場です。単純でわかりやすく、すっきりとした記述ができるのが利点です。一六八センチなどの測定論的な表現を採用する立場でも、あらゆるひとの測定値を保持することはできません。そのまま終わるのではなく、最後には「中くらいの背たけ」などとまとめてみないと落ち着きません。金持ちと貧乏の二分法を思い出しましょう。「たいへん金持ちで」といったり「貧乏なので」といったりして、使い分けます。これをいつでも「資産高X円」という測定論に置き換えるとすれば、そのために大切なわかりやすさを失ってしまうことになりかねません。

「三つの個性」論にはもう一つ大切な利点があります。実証主義的なデータ収集ではなく、日常経験で培われた経験知をベースに「なぜこうなるのだろうか」という素朴な問いに答えようとする点です。これは人間を研究するにあたって、データ収集ではなくて、理論的にすすむということなのです。子ども向けの「電話相談室」というラジオ番組があります。あれを聞くたびに不思議に思うのですが、あそこに心理学者が出たことはないように思われます。「なぜですか」という子どもの問いに答える準備が心理学にはないのです（高校生がこれを知ったら驚いてしまうでしょうが、心理学専攻生なら納得できるのではないでしょうか）。物理学や生物学と違って実証主義的な心理学には理論的な研究がないか、仮にあるとしてもスケールが小さくて、なきに等しいのです。

一例として、チョムスキー問題、「人間精神と言語」という問題をあげましょう。人間が、そして人間だけが、なぜ言葉を獲得できるのか、という謎を解決するのです。この謎がこれまで誰によっても解けなかったのはデータが不足していたからでしょうか。おそらくそうではありません。新たな実験データや観察データは必要ないのです。まずは理論的解決を追求しなければならないのです。伝統的心理学にはこうした志向性がありませんでした。十年ほど前に私はこの謎に理論的に取り組むことにしました。数人の仲間と知り合いました。そして先年来、理論的に解明できたところをみんなで発表してもまいりました（巻末文献17）。仲間の一人、久野雅樹さんは、理論的な取り組みのおもしろさについてこう書いています。

「特筆すべきことは、おもしろいということで（発見だらけです……）」、と。

チョムスキー問題で味わうことのできたおもしろさの半分は言語という研究対象のせいでした。残る半分は理論的な取り組みということによるのです。本書では個性ということをめぐって理論的な研究の魅力を追及いたします。

本書は右に名をあげたような（クレッチマーら）理論家たちの切れ味鋭い理論をベースにしていますので、すっきりと理解できるはずです。実証主義的な性格論と違って、三つの個性モデルという質的な区分をベースに理論的な構成ですすみますから、二重の意味でわかりやすくなるはずです。高校生には心理学に接するだけではなく、ちょっとした科学案内書としても役立つでしょう。心理学の専攻学生・大学院生には心理学の魅力を倍増させる道すじへの案内書となるのではないかと思います。

私たちが日常生活で体験する人間関係のもつれはおおむね二つの原因に帰着させられます。一つは「もの」をめぐる争いです。もう一つは「個性と個性のからみ合い」によるものです（両方一緒の場合もあります）。個性について本書で示されるような理論的な理解があれば人間関係のもつれが解決できる、と言ったらいいすぎでしょう。しかし個性を理解すれば、人間関係のもつれの苦しみが軽くなることは確かです。そのような実用的な効用も本書のねらいの一つです。

知識はドライなものとウエットなものとに分けられます。知識はまたソフトなものとハードなものとに分けられます。個性理論の構成は果たしてどのような知識に到達するのでしょうか。さっそく乗り出してみましょう。

◆目次◆

第一部

一人ひとりの個性

本書は二部に分かれています。第一部では一人ひとりの個性をどんなモデルで理解できるかということが述べられます。第二部では個性的な個々人が集まってつくる集団と個々人の関係などが述べられます。さて、個性についで考えましょう。

第1章　三つの個性

個性というとたいていのひとが真っ先に個人差のことを考えます。しかし個性を正しく理解するには、差のことばかりでなく、共通性についても考えないといけないのではないでしょうか。スポーツカー、ジープ、ワゴン車などはそれぞれに個性的で私たちはついその差に気をとられてしまうのですが、全体としてみれば差よりも共通性の方が大きいのです。いまは過去の人となったスイスの心理学者のピアジェというひとがおもしろいことをいっていたのを思い出します。子どもに二つのことを比較させると、差や違いばかり指摘して共通点をいおうとしないというのでした。これは、どうも子どもばかりのことではないようです。

個性とか個人差とか聞くと、私たちもまた、つい一人ひとりの特徴のことを孤立させて考えがちです。私たちがすぐ思い浮かべるのはAさんとBさんの差や特徴なのです。そうだとすると、ピアジェの指摘は子どもだけのことではないのかもしれません。個性ということをよく理解するには、それが人びとの間の共通性の変異、いわば、あらゆるひとに普遍的な特性の変異として理解されるのでないといけない、と思われます。なぜでしょうか。

私たちの個性のなかには多くのひとに共有された特性が含まれています。これはたしかにふだんあまり意識されないことではありません。しかしフロイトが指摘したことですが、意識されないことにこそしばしば重要なことがあるのではないでしょうか。

たとえばAさんは青年男性の会社員だとしましょう。ここで「青年」とか「男性」とか「会社員」とかはAさんの重要な特性です。しかし、いうまでもなくこれらはAさんしか持たない唯一無二の特性というものではありません。このようにあるひとの個性はそのどんな部分でも多くのひとに共有されています。「ある女」という表現を聞くとすでに私たちはある漠然とした特性を予想します。それが何かすぐ正確にいうことはできないのですが、「あるひと」と聞くのと「ある女」と聞くのではまったく違っています。個性には多くのひとに通有のこうした特性が含まれているのです。

あるひとの個性は、いってみれば、さまざまなひとに共有された特性の集まりのようなものなのです。これは日常の言葉遣いに表れています。「血の気が多い」などといいますが、血の気は誰にでもあります。それが多いか少ないかが個性なのです。「慈悲ぶかい」、「好奇心が強い」、「気ぐらいが高い」、「機知に富む」など、みんなそうです。

たとえば、どんな個性にも性や年齢などの特性が含まれています。男（女）らしさとか大人（子ども）らしさとかは、誰にでもわかりやすい特性で、個性を理解するための出発点としてまことに恰好のことのように思われます。手はじめに「子どもらしい」という個性を考えてみたいと思います。

第1節　子どもっぽいひと

「子どもみたい」とか「子どもっぽい」などといわれるひとがいます。こうした人物評がふつうどんな個性をさすのかはっきりいえるひとはあまりいないでしょう。これはよい意味でいわれることもあり、悪い意味でいわれることもあります。どちらにせよこうした言葉が使われるのですから、私たちは子どもと大人の違いを知っているはずです。しかし子どもと大人はいったいどこが違うのか考えてみても、これに満足のいく答えを出すのは簡単とはいえないのではないでしょうか。「知ってはいるがいえない」ということはいたるところにあり、これはその一例なのです。ちなみに、子どもと大人にはどういう違いがあるのか少し考えてみましょう。

①からだの違い
②動作や所作の違い
③生活態度、ものの考え方の違い

からだの違いもさまざまです。大きさの違いだけではなく、プロポーションも違います。その方が重要なのです。サイズと比率といった量だけでなく、ヒゲやしわのように子どもにはないものがあり、これは質的な相違といえましょう。しかし「Aさんは子どもっぽい」というときの意味が①の点に基づいていることはまずなく、たいていは②や③の点が問題になっているのです。これらの点について子どもが大人から最もへだたっているのはどんな点でしょうか。

心理学に発達心理学という領域があります。生まれた赤ちゃんが発達していき、やがて大人となるまでの過程を研究するのです（近頃では、生まれる前の胎児や老化の過程まで研究されています）。その発達心理学では昔から「子どもはただ単に大人を小さくしたものではない」ということが主張され続けています。こういうことはいってみても大した意味はないし、何の役にもたちません。問題はどこが違うかということなのです。これについて一つの説を紹介してみたいと思います。

子どもの行動原理は「生きる」ということであり、これに対して大人の行動原理は「死の危険を避ける」ということだ、と喝破したひとがいます。

子どもは日々刻々ひたすら生きることに夢中です。朝、目をさました瞬間からどうして楽しんでやろうかとばかり跳び起きます（病気でないのに寝床でぐずぐずしている子どもはまずいないとしたものです）。からだがもつ限り活動し続けます。ついにからだがもたなくなると次の瞬間には眠っています。

大人はそうではありません。大人はいつも「死を恐れ」、ついウッカリして「死に瀕する」ような危険を回避することに努めています。たしかショウペンハウエルというひとが「おろかなひとは快楽を求め、かしこいひとは苦痛を避けることに努める」といっていました。これに照らしていえば、大人は賢明な生き方をしていることになります。しかし、かしこい大人はそれと引き換えに生きることを放棄してしまうのです。

私たち大人は「ナニかを避ける」という生活に明け暮れています。雨の日にはカサをさして衣服をぬらすのを避け、前方に水たまりが見えればそこをよけるためにまっすぐ行くのを避けます。電車の中で何か気にさわっても、もめごとを避けるため見て見ぬふりをします。会社の上役にタテつくことを避けがまんします。ふとるのを避けるため食べたいものを食べずにすませ、病気を避けるためビタミン剤をのんだり、スポーツジムに通ったりします。そもそもあらゆるストレスをこらえて会社への忠誠を誓い、「すまじき宮仕え」を続けるのも煎じ詰めれば一家四人の飢え死にを避けるためです。こうして私たちの生活は死の恐怖や死の危険を回避するための気遣いと習慣で満たされているといえましょう。

子どもの生活はまったく対照的です。子どもは水たまりを避けるでしょうか。そうではありません。

避けるどころか、向こうの方に水たまりが見えると、わざわざ遠回りをして、そこへ寄り道します。そして長靴を水たまりにつっこんで、水をバシャバシャ蹴とばして遊びます。そうしないではいられないのです。子どもも一応はカサをさしています。けれどもそのカサは頭の上というよりは背中のうしろに背負われているので、雨を避けるための役に立ってなどいません。水たまりを蹴とばすことに熱中する理由が大人にはわかりません。そこで子どもに尋ねてみると、顔を赤らめてモジモジしたりします。実は子どもにもわからないのです。理由などはもともとないのです。子どもは衣服が汚れるのもからだがぬれるのもまったく念頭にないのです。ただ、子どもは「死を避けよう」とするいっさいの気遣いなしにアッケラカンとして「生きている」のです。

　大人と子どものこうした差を指摘したのは、イギリスのウォーコップというひとであり、また、その日本への紹介者の一人である安永浩という精神科医でありました。「ネコはイヌに追われると木に登って追跡を逃れる。しかしネコはときに何の理由もなしに木に登ることがある」。このことがすべてを表しているといえそうです。ネコは同じように木登りするのですが、追われているときは恐怖にかられて「死を回避するために」必死で登るのです。これはネコにとってストレスと緊張の瞬間に違いありません。しかし、理由もなく木登りするときはどうでしょうか。ネコに聞いてみるわけにいかないのは残念ですが、口がきけたらこういうのではないでしょうか。「なんで木登りするのか私にもわかりませんヨ。そんなことどうでもいいじゃないですか。登りたくなったから登ったんですヨ。ナニをするにも理由が

ないといけないんですか」。

　生活においては大人も子どももエネルギーを消耗します。しかしエネルギーの使われ方は対照的です。大人は「この方が便利、これが合理的、この方がムダがない、こうすると危険が減少する」ということに絶えず気をくばります。子どもはただ「これがやりたい、これが好き」ということをやります。柵で囲われた場所があるとどうしてものぞいてみたくなり、のぞいてしまうとつい入ってみたくなります。雪かきをしたことがあるひとならきっと経験したことがあるでしょう。大人は道を通りやすくするために、雪を通りの片側にかき寄せます。そこを通る大人は雪かきするひとの苦労をねぎらいながら、通りの真ん中を通行します。しかし子どもは違います。歩きやすくされた真ん中ではなく、片側に高くつまれた雪の山をわざわざ選んで、危なっかしく、足をとられたりこけたりしながら、通行というよりも、冒険しながらいくのです。大人の行動は予測と打算に支配されています。子どもの行動は予測ではなく、その場の興味に素直につき動かされたものなのです。

　子どもは大人のように「死―回避的」でも「防衛的」でもないので、まさに「生きている」のです。そのかわり、事故は大人より子どもで頻発することになります。子どものこうした特性を形容するのに、昔から天真爛漫という表現が使われてきました。この表現には子どもを心配して見守る大人の気持ちが込められていますが、同時に、もはやそのように生きられなくなった大人の側の羨望の気持ちも込められているのではないでしょうか。そういう子どもを見ていると「わが身も揺すぶられる」という気持ちをうたった古い歌を思い出さずにいられません（図1－1）。

「無邪気さは年齢に反比例する」というのはおよそ古今東西かわることのない定理であります。大人

遊びのために　生まれたの？
おふざけのため　生まれたの？
子どもの声を　聴いてると
わたしの心も　揺らぎます

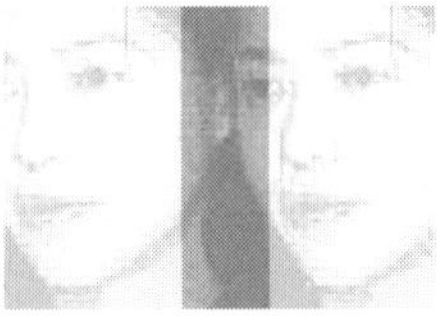

遊びをせんとや　生まれけむ
戯れせんとや　生まれけむ
遊ぶ子どもの　声きけば
わが身さえこそ　ゆるがるれ
（梁塵秘抄359番）

図1－1　子どもの特性を表した日本の古歌
（写真モデル：三澤綾子）

は子どもの天真爛漫なふるまいを黙って見ていることができません。それはアブナイ、こうするとシカラレル、いじめてはイケナイ、こわしてはナラナイ、こうした叱咤激励が間断なく子どもに向かって投げかけられることになります。子どもは成長とともに、「死―回避的」または「安全―保障（防衛）的」なふるまい方を身につけるようになります。成長するにつれ、子どもの「日中の時間は防衛的行動に費やされる部分がいよいよ多くなるが、その報いは消極的である」、とウォーコップはいっています。もはや水たまりや囲いの中などに首を突っ込むことはなくなりました。その結果、突然の事故で死ぬ危険もほとんどなくなりました。「死からの合い間」は拡大したのです。子どもは少年となっても依然として「生きている行動」にもエネルギーをさいています。しかし昔のようにそれに没頭することはできなくなっています。こうして大人になっていくのです。

「生きている行動」はもともとウォーコップの言葉でリビング・ビヘイビヤーということなので英語の頭文字を使ってLと表しましょう。「死―回避的行動」は同じくデス・アボイディング・ビヘイビヤーなので同じくDと表します。大人と子どもの違いは生活全体のなかでL

とDとが占める比率の差で表現できることになります。たとえばこんな具合です。幼児は［L＝90、D＝10％］、少年は［L＝60％、D＝40％］、青年は［L＝40％、D＝60％］、成人は［L＝20％、D＝80％］というように。

さて本節の問題は「子どもっぽいひと」とはどういうひとか、ということでした。どう答えるべきでしょうか。成人になっても、この比率が［L＝40％、D＝60％］のようなひとは「子どもっぽい」というのは一つの答え方ではないでしょうか。さしあたり、ここではこれにとどめておきましょう。「子どもっぽさ」についてはは後節でもっと詳しく述べることになります。この話の理論的背景については巻末文献の1と2を推薦いたします。二冊ともやさしいとはいえませんが、もし持っているだけでもためになるといえるような本があるとするならば、どちらもそういう本であると思われます。

第2節　「引きこもる」ひと

前節では「子どもっぽさ」について少しだけ考えてみました。しかし「子どもっぽさ」そのことの理解も大切ですが、もっと大切なのは個性についての考え方です。すでに述べた二つのことを整理しておきましょう。

①個性とはひとの生活のパタンである。

②個性は（誰でも持っている）特性の集まりである。

個性はちょうど料理のようなものである、ということができます。料理はさまざまの素材が渾然一体となったものであります。その素材は多種多様ですが、素材を共有しながら違った料理がいくらでもいくらでもできあがります。同じ素材でも比率の違いによって異なった料理となるのです。個性を成り立たせる特性も同じです。ひとである限りどの特性もみな共有されているのですが、その配合の差が個性となって表れるのです。

本節では第二の個性として「引きこもり型」について考えてみます。そのための準備として私たちの生活のパタンについて考えることにいたします。

私たちの生活は複雑をきわめているように思われますが、見ようによっては簡単なことのくり返しに終始しているようにも思われます。音楽にたとえてみると、二つか三つのモチーフのくり返しとも思われるのです。生活のモチーフとは何でしょうか。それは生活のパタンをつくりあげる動機であります。私たちの生活のモチーフは二つか三つにすぎません。その一つは「ひととの付き合い」です。もう一つは「ものごとの処理」です。あるいはもう一つ加えた方がよいでしょうか。それは「自分自身の理解」であります。

このように整理してしまうとたしかに私たちの生活は二つか三つのモチーフのくり返しであるということになります。そして個性というのはそのような個々人の生活パタンだというのです。あるひとは二つ（三つでもよいわけですが、しばらく二つと述べることにして）、二つのモチーフが均等にバランスよく配置された生活を送るかもしれません。別のひとはバランスが（ひと、もの）どちらか一極に傾いているかもしれません。傾き方にもいろいろあるのかもしれません。あるひとは「ひととの付き合い」に明け暮れるタイプかもしれません。別のひとは「ものいじり」に達者でも、「ひと嫌い」かもしれません。こうした分類により、たちまち私たちの日常にありふれた個性の典型が得られます。どんな個性があり得るのかを実態調査するのではなく、経験的な知見を暗黙の背景にして、少々大げさにいえば理論的に構成するのです。問題は構成的な方法でどれほど遠くまでいけるのか、どれほど深く納得できるのか、ということです。「引きこもり型」の個性について考えをすすめてみましょう。

お茶の水女子大学の文化人類学者、原ひろ子さんの本によってヘヤー・インディアンとよばれる人びとのことが知られるようになりました。タイトルも『ヘヤー・インディアンとその世界』という本なのですが、第二回新潮学芸賞を授賞された名著なので、ここで細かく紹介する必要はないと思うのですが、私自身も感銘を受けたのをおぼえております。

ヘヤー・インディアンとは極北の地に住む狩猟生活を営むインディアンの一部族とされます。氷に閉ざされた極寒の地ですから、そもそも農業などは不可能です。冬は零下何十度にもなるようなところで魚類や大型獣にいたるものを追い求める生活に従事します。これは私たち日本人の想像を超えた厳しい生活ではないでしょうか。こうした環境で生活していると、きっと厳しい人がらのひとになるのではないかと想像されます。この人びとの特徴をめぐり原さんが報告していることはとても簡単に要約できるものではありません。しかし何といっても印象に残ることはこの人びとの「自立性」です。自分の生活は自分で責任をもつ、ということを文字通りそのままに生きてみせるのです。読んでいくにつれ私はハーマン・メルビルの短編小説の主人公バートルビーを連想せずにいられませんでした。これは最も厳しい人がらの典型的な類型といえましょう。ただし、大切な点ですが、その厳しさは自分に向けられたものと思われます。彼らはどの一人をとっても、部外者である原さんに対して意地悪なことはせず、ですぎたおせっかいにならない範囲でやさしい態度で対応しているように思われるのです。

私は何度か読みすすみ読み戻りするうちに奇妙な問題にとりつかれました。それはこういう問題です。「いったいこの強靭な人びと（の先祖）はどうしてわざわざこんな極寒の地を選んで住みついたのであろうか」、と。なぜならこんな厳しい環境下で生き抜いていけるひとは怠け者でもボンクラでも弱虫でもあるはずがないからです。もっと生活しやすい土地を求めて奪いとる戦いに勝つことができないはずがないではありませんか。どうしてそうならなかったのでしょうか。この疑問に確答することはできません。しかし仮説的に答えられないものでもないように思われます（答えがないのは嬉しいことです。自由に考えることができますから）。

①この人びとは特別に寒さに強い、あるいは、寒さの好きな人種である（シロクマを思い浮かべてください）。

②この人びともまた、できれば温暖の地で生活したかったのだが、領地の争奪戦で破れた結果、このようなところに追い込まれ、そこに適応した。

③領地をめぐって戦うよりはむしろ、戦う相手が現れないような極限の地域にみずから退いた。

このほかにもいろいろな仮説をたてることができるでしょうが、とりあえず以上の三つを考えてみましょう。

断っておいた方がよいと思います。私はヘヤー・インディアンについて原さんの本を読みましたが、それ以上何も知らないで考えます。だからこれは実証的な分析ではありません。いわば原さんの描き出した人びとに触発された「人びとのイメージ」をもとにして、想像の世界で考えるにすぎないのです。科学者はこのようなことを「モデル」とよんだりします。偉そうにいってしまえば理論的な研究をするのです。

さて能書きはこのくらいにして、上に述べた三つの解答案を検討しましょう。まず①の解答案は少し頼りないように思われます。彼らだけが特別に寒さに強いとか、寒さが好きだとかいうことはなさそうだからです。彼らはみんな毛皮を着ています（毛皮は狩りの主要な目的の一つであります）。それを着ると日本人である原さんでも極寒を何とかしのげるように思われるのですから。そこで②と③の仮説はどうか、と考えてみます。

するとこの二つはひょっとして同じことの裏返しなのではないかという気がしてまいります。争奪戦にならない限り、彼らといえども温暖でもっと地味豊かなところに住んだはずだとしてみましょう。そうだとすると、彼らの先祖が極北に住み着いたのは二通りに解釈されることになります。温暖の地に住み着いた人びとからすると、彼らを駆逐し、追いやったからだということになります。逆に、彼らの側からすると、ほかの部族との争いを避けて極北の地に落ち着いたということなのです。AとBとの間に争いがあればその決着は四通りしかありません。共倒れでABともに絶滅するか、AB共存で（互いの反目を内に秘めてでも）ともに生活するか、あるいは、AがBに出合うことのないところへ隠遁するか、その反対かであります。ヘヤー・インディアンの先祖が実際に戦ったかどうかはどうでもよいのです。彼らはもっと温暖な安住の地を望まなかったわけではないのですが、そのため争うくらいなら望みをすてる方がまだしもだという人びとだったのだ、と考えられるのです。気が小さいというのではおそらくありません。意思や戦闘能力において劣等でないことはその強靱な生活力が証明しています。ではなぜ彼らは温暖な地をすてたのでしょうか。

彼らは争いにおいて譲歩的な人がらだったと考えたらどうでしょうか。いやそれではいい足りません。集団の戦闘では集団の強さが問われなければなりません。彼らは個々には優秀な戦闘能力を有していましたが、集団化することにおいて弱かったとも考えられます。彼らは「自立的」な人びとだったのであり、必然的に争いにおいては譲歩的な人がらとなるのです。彼らの遠い先祖は、温暖豊穣なある地域を部族Aに譲歩しました。次に移住した地を部族Bに譲り、次をCに譲り、とうとう、誰も住みたがらない極北まできたのです。折々、多少の戦闘はあったかもしれません。しかし自立者の偶然的な集まりである彼らは撤退がはやく「争うくらいならむしろ譲ろう」という気風を生むことになったのではないでしょうか。

これは集団の特性についての一つのモデルであります。集団の仲間一人ひとりにも個性はあります。しかしヘヤー・インディアンの場合は集団の平均的な個性が他部族に比べて「引きこもり型」だったのではないか、というモデルを考えてみたのです。このモデルにより、理論的には「極寒の地には、好戦的でなく、気性やさしく譲歩的な人びとが住む」という定理が生まれます。「極寒」という語を単に「僻地」とか「奥地」とかに置き換えてもっと一般化してもよいのかもしれません。これは正しい定理でしょうか。たとえばラップランド人やエスキモーはどうなのでしょうか。日本でいえば、北海道に住み着いたアイヌはどうなのでしょうか。フューゴ島（南米チリの極南の島）のオナ・インディアンはどうなのでしょうか。アンデス山脈に近いアマゾン奥地に住んでいるインディアン各部族は、インドのドラビダ族は、……。黒澤明監督の映画「デルス・ウザーラ」を観たひとならあのゴリド人の人がらを思い浮かべるとよいと思います。デルスは山奥に一人きりで生きている寡黙な猟師なのですが、調査隊に案内を頼まれると黙って先に立ったのでした。

ところでこれはまた個人差のモデルとして見直すこともできるのではないでしょうか。たとえばいつでも貧乏くじばかり引いているひとがどんなところにでもいるように思われます。ただ運が悪いということもあるでしょう。能力的な問題ということもあるでしょう。無気力のためにそうなるひともいるでしょう。しかし意思の強さ、冷静な観察力、的確な判断力など、どのように見ても尊敬に値するようなひとが、社会的には目立たないところでひっそりと生きている例がたしかにあります。実は私は敬愛してやまない知人のことを思いながらこれを書いているのです。彼は先に想像したヘヤー・インディアンとそっくりであります。何ごとにも寛容なひとです。社会的な野心などは持たないか、（いや、人間であるならそれを持たないということはあり得ないとも思えますから）少なくとも遠の昔にあきらめてしまい、社会的な不正にすらよほど直接自分に影響が及ばない限り、軽口の材料にする以上の関心は示しません。彼の不寛容さを垣間見るのは知的な意味での不正に関することくらいがせいぜいです。しかしその不寛容も他人に向けられることはあまりありません。そうした不寛容があらわになることを恐れるかのように、彼はすすんでひとと付き合おうとはしません。はた目には、ひととの付き合いよりはドライブや読書、パソコンなど「もの」との付き合いの方がよいような印象を与えます。このため一般に「ひと付き合いが悪い」、「とっつきにくい」印象を与えます。その実ユーモアに富んで、心底やさしい、細心なひとなのです。

ＡＴＲ（元電子技術総合研究所）の松尾香弥子さんから教えられたエッシャーの逸話が思い出されます。

「私の仕事は世間のひととは何の関係もありませんし」、とエッシャーは述懐しました。「心理学についても同様です。現実生活をどうすればうまくやっていけるか私には見当もつかないし、私の作品はそんなこととはかかわりあいがないのです。これはきっと大きな誤りなのでしょう。人々と肩をふれあって、万事につけうまくいくように助け合う方がいいことも私にはわかっています。しかし私は博愛などということには関心がないのです。人々から隔離されていたいという意思をはっきり示すために、大きな庭をつくりました。人々が中に入ってきて『こんな大庭園をつくるなんてどういうつもりだろう』と叫ぶのが眼にみえるようです。そう思って当然なんです。でも私には、誰かがそこにいると分かっただけで、仕事ができないのです。私は恥ずかしがりやで、見知らぬ人とは一緒にやっていけないのです。外出も決して楽しくありません。仕事をするのは一人でなければできないのです。誰かが窓の外を通り過ぎるのも、がまんができません。（中略）私は全てのひとが兄弟同様だなどとは、実際思ってもいません。ひとが互いに同情心を持っているということも、あまり信じていません。」

もう一例あげておきたいと思います。

『『友達がいない』とか『友達とうまくいかない』とかいうことを言い募る人に、たとえば私はいらだってしまう。だいたい『友達』って何なのか、そんなに必要なものなのか、『うまく』いくって何なのか、『うまく』いく必要なんかあるのか。

私は友達の少ない（いないのかもしれない）人間で、いま私はほとんど毎日夕方も臨床セッション……などで働き、それがない日は家族との時間に当てているから、友達と会う暇もない。友達と会う暇があれば、映画や芝居を見に行きたくなる。なにかの打ち上げやなにかのついでに呑みに行くことはあるが、わざわざ誰かと呑みに行く、ということはない。……月に一回勉強会をする仲間や……セミナーを共同企画している同僚などはいるのだが、そのような人たちは『友達』ではない気がする。

おもえば学生の頃も友達が少なかった。私は授業も出ず、芝居ばかりやっていて、32歳まで余暇の全て（と睡眠時間のかなり）はそれにささげていたから、授業の後に誰かといっしょにだべったりしたことがない。そんな暇があれば親密な相手と会うか、劇団に行った。じゃ劇団に友達がいたろう、と言われるかもしれないが、そうでもない。私は演出家だったのだが、役者と稽古が終わった後食事したり呑んだりはしていたが、それだけである。どこかの電車のなかで役者に出会ったりすると、おたがいに気まずく気恥ずかしく、挨拶だけでそそくさと別れてしまうものだった。その気まずさは、演技する彼らと演出行為というものを通して異様に深く知り合っていたせいなのだろう。実際、いい演技をしている役者は、どうしようもないくらいその人間自身になる。彼らとの体験がなければいまの私はいないというほどのなにかを私は与えられた気がするが、彼らは友達ではない。

本当に深く人間的な幸福感が人付き合い、ソーシャルな人間関係から生まれるものであろうか。私は疑問に思っている。それは人間的幸福のスパイスかもしれないが、所詮スパイスである。人間の心の実質のほとんどは、一人であることと極度に親密な誰かとの関係とから生まれると私は思う。

私は偏屈な人間なのだろう。孤独な老人になっていきそうである。」

これは知りあいの医学博士、藤山直樹さん（上智大学心理学科）の書かれたエッセ

ーからの少々長い抜粋であります。このエッセーを読んだとき、私はこの（友だちではありませんが、かねて不思議なひとと気になっていた）知人のことが少しわかったような気がしたものでした（当たっているかどうかもちろんわかりませんが）。

さて、生活が二つのモチーフからなっているという考え方をすでに述べました。これは先年なくなった久保田正人さんの発見をもとにしています★注1（心理学に「発見」などということがあるのだろうかと思われる方がいるかもしれません。そういう方には、「あるのだ」と申しておきたいと思います）。前節では、「生きている行動」と「死―回避行動」の比重をいろいろ変化させて「子ども」と「大人」を比較してみました。ここでも同じ手法を用います。生活の二つのモチーフとは「ひととの付き合い（ヒューマンの頭文字でHとします）」というモチーフと「ものの操作（ノン・ヒューマンでN）」というモチーフです。［H＝70％、N＝30％］のようなひとは、社会的な活動をいきいきとやっていけるタイプといえましょう。こういうひとは集まって何かやるのが大好きです。会議などが長引いてもあまり苦にしません。［H＝50％、N＝50％］のようなひとはバランスのよいひとです。［H＝30％、N＝70％］のような人びとは社会の表面にあらわれることの少ないひとです。こういうひとは仮に才能があっても芸能人にはなりたがりません。選挙の候補者に推薦されても「自分を売り出す演説」がうまくできないので逃げ回りますし、立候補してもギコチなくて落選しがちです。［H＜N］の傾向が大きければ大きいほど「引きこもり型」のひとということになります。

★注1……久保田正人さん（平成5年逝去）の発見については巻末文献の3と8を参照してください。これはめざましい洞察力に裏付けられていると同時に、まことに単純で重要な発見に満ちた本です。

発達心理学というのは未熟な学問なのですが、そのなかで一頭地を抜いた参考書として推薦できると思います。

「引きこもり型」のひとは「子どもっぽいひと」とは対照的なひとです。ささいなできごとにも何か重大なことを予感してとりこし苦労ばかりしています。警戒心が強く、ものごとのずっと先のことをひと目で見通し（それは後になってしばしば見当違いだったことがわかったりしますが）、いま現在の一歩を踏み出すのをためらったり尻ごみしたりします。遠くを見すぎて足元が見えないのです。このため、ひととの社会的まじわりに消極的で、「もの」の抽象的な世界に安住しがちになります。

第3節　集い合うひと

個性のあり方を二つ見てまいりました。個性のあり方を簡略に類型とかタイプとかいうことがあります。「子どもっぽいひと」と「引きこもるひと」という二つの類型について簡略に述べてきたわけです。少し考えればわかることですが、この二つのタイプしかいない社会があるとするならば、それはたいへん脆弱な社会となるのではないでしょうか。子どもっぽいひとは、誰かれあまり遠慮もなく、きさくに付き合いますが、また遠慮も悪意もなく、突然ほかのことに気が転じて去ってしまったりします。本物の子どもたちをみても、誰とでもすぐなかよくなりますし、ちょっとしたことですぐけんか別れもします。けんか別れしたらそれっきり、ということでもなく、またいつのまにか仲間あそびをしていたりします。子どもっぽいひとだけの社会はその結び付きがあまり安定しないと思われます。

「引きこもるひと」はそもそも社会性の乏しいひとなのですから、なおさらです。文化人類学者たちは結び付きの不安定な種族や集落が実際に存在することを教えてくれます。ガードナーの調査で知られるようになった南インドのパーリア族はわけても印象的ではないでしょうか。★注2 この集落に住む人びとはみんな口数少なく、他人に依存したり、他人と協力したりするのを避けようとします。徹底的な自立、個人主義で生きていくのです。伝統などもないそうです。知識や信仰もテンデバラバラで、定型的な教育というものも（報告の時点では）ないそうです。他人への干渉はもってのほか、おしゃべりは異常であり、また無礼でもあるとされるので四十歳頃にはみんなまったく口をきかなくなるそうです。こういう社会の人びとには「引きこもり型」の個性が多いのではないかと疑ってみたくなります。そうでない個性のひとがこの社会に生まれ落ちたとしたらそれは一種の災難ではないでしょうか。

★注2……さまざまな民族の個性を知るためには文化人類学者たちの研究がたいへん参考になります。このような見方で文化人類学に接するのはあるいはひんしゅくをかうことになるかもしれません（あらゆる文化に通底する普遍的構造こそが探求の眼目なのでしょうから）。しかし私はこのような（普遍性のうえに成り立つ差異という）視点もあってよいと思っています。文化のさまざまを学ぶには、巻末文献の4がよいと思います。少々古くなったうえにボリュームたっぷりなのが難点なのですが、網羅的で平易な点がよいのです。

「和をもって尊しとなす」のが日本の古来の社会的規範であります。これは日本文化の核といってもよいでしょう。十七条の憲法以来のことがらなのです。その第一条では「和ということが最も大事なことだ」（上も下も平らかならばものごとはうまくいく）ことが述べられ、第十七条では「重大なことを一人で決めてはいけない」（みんなで論議を深め衆知を集めるなら誤らぬ）ことが述べられているようです。集団の協力が規範となっているといってよいでしょう。

和の規範による強固な社会が成り立つためには子どもっぽくもなく引きこもりでもない、別種の個性がなければならないということになります。それもちょっとやそっとではなくどっさりいるのでないと成り立ちません。

和の規範を成立させるのは必ずしも容易なことではありません。十人十色という言葉は多少オーバーではあるのでしょうが、まるきりの嘘ともいえないでしょう。集団の協調を保つためには毒も薬も区別しないですませるようなタフな神経が要求されます。集まりで何かのいさかいが持ち上がれば、ことの善悪を問う前にまず「マアマアどうか冷静に」と両手をかざして割って入ります。いさかいに決着をつけるより、いさかいをもみ消しにかかるのです。いさかいが首尾よく収まった後は、むしろ決着をウヤムヤにして先延ばしを計ります。ことを荒立てるのはそれ自体が問題なのであって、何はともあれ回避を計るのです。波風を静めるためならばことが解決しなくてもよいのです。

学生ならサークルやコンパ、会社なら根まわしや談合、カラオケやゴルフなど非公式の、というよりは私的な付き合いがいたるところに見られます。こういうことを通じて親密な関係の仲間をつくるようにこころがけ、これをあらゆるところで活用します。これが潤滑油になるのです。

人間関係を安定的なものにするためなら骨惜しみはしません。バレーボールの試合を思い浮かべてみましょう。そこに象徴的なイメージがあります。スパイクが一本決まると六人の選手たちはどうするでしょうか。ピョンピョンと跳ねる足どりでコートの中央に集まって、励ましあい、次の作戦を連絡しあいます。あのようにして互いに支えあい、チームのまとまり（心理学では凝集力などといいますが）を強め

るのです。これは集団としてはヘヤーやパーリアより格段に強固なものとなります。そして、おそらく、ヘヤーやパーリアより格段に排他的にもなり、外部者に対して不寛容になるのではないでしょうか。

このひとたちこそは社会をつくりあげるうえで欠かすことのできない接着剤、いわば社会そのものといった人びとであります。上にいても下にいてもこの人びとは集団全体の協調のために忍耐強く努力します。上にいるとすればたいへん面倒見のよいひととなるでしょう。ただし、その親切さは協調を求める自分のもくろみに協力する部下へのもので、そうでない部下に対してはどうかするとまったく冷淡になります。下にいるとすれば上役の考え方に極力あわせてふるまおうとします。多少おかしな上司でもよほどのことがない限り、陰で小首をかしげる程度にとどめ、刃向かったりはしません。そもそもこの人たちの場合、考え方などはどうでもよいことなのです。みんながまとまって行動すること、そのことが大切なのです。

この人びとは自分の理想をおしすすめるというようなことはあまりしようとはしません。それはしばしば争いのタネをまくことになりかねないからです。そのかわり規則や法律、前例や慣行といったものに頼るのです。過去のデータに頼ってものごとを決定すれば、「我」をむき出しにしないですむからです。では、このようなひとには野心というものがないのでしょうか。必ずしもそうではありません。ただ、この人びとの野心は抽象的な理想の実現などとはまったく無縁のところに発します。つまり、野心そのものも、仲間関係のなかに発しているのです。この人たちは仲間うちでの成功をめざして熾烈な競

争にあけくれています。ただ、それはおもて立って露骨に表れるようなことのないように、互いに慎重に隠されています。

総じてひとあたりがよく、互いの立場を立てあって生活します。そうした「和のきずな」がこの人びとの安定の源になります。「和のきずな」というのは「相互依存」といっても同じことであります。これは当然のことではないでしょうか。考えてみると、「相互依存」ということこそが社会の本質といえるのですから。そしてこの個性の本質もそこにあるのです。この人びとは仲間に支えられているときに最も充実した感じを味わいます。一言でいえば身内志向といえましょうか。この人びとは身内に囲まれているときに最も幸せな気分を味わうのです。身内が増えるほど幸せな気分もふくらみます。

家の子郎党の数をN、ハッピーさの度合いをHとすると次の式が成り立ちます。

$$H=aN$$

（もっと詳しくは、$H=1-e^{-aN}$）

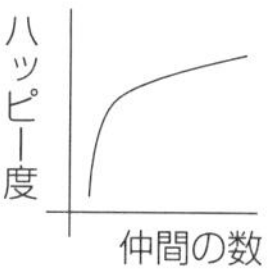

当然のことと思われるでしょうが、必ずしもそうはいえません。百人のひとに囲まれたひとを想定すると、次のような両極のモデルがあり得るからです。

①ただ一人が自分にあたたかな眼差しを注いでくれるとハッピーになれるひとがいます。

②ただ一人がそっぽを向いているだけでハッピーでなくなるひとがいます。

この二つは理想化されたモデルですが、まったく非現実的ともいえません。

ところで「集うひと」たちのひとあたりのよさは、互いの立場を立て合うことができる範囲で、という但し書き付きのものであります。期待を裏切られたり、顔をつぶされたりすると、このひとたちはしょげ返ってしまいます。あるいは自分をそういう惨めな気持ちに追い込んだひとを断然許せない気になります。これは「引きこもり型」と区別される重要な特性といえるかもしれません。「引きこもり型」はそもそも他人のために何かをすることや他人に何かを期待することをあまりしません。そのぶん、他人に反対されても身にこたえる程度が少なくてすむのです。まわり中から呪詛の声を受けるようなことになると、徹底的に引きこもることになります。自分の世界に閉じこもっていてどうするのかといえば、社会的に意味があるかどうかまことにおぼつかないようなものごとに没頭するのです。

「集うひと」の個性をこれまでのような仕方でどう表現したらよいでしょうか。「相互依存性―社会性(英語でディペンデンシィなのでDとします)」を「自閉性(オーティズムの頭文字でA)」と対立させたペアで表してみますと次のようになります。[D＝70％、A＝30％]のような比率のひとは社会になくてはならないひとであります。このような人びとによって社会の結び付きと活力は支えられます。国会議員になれるようなひとではきっとこの類型が多数を占めるに違いないと思われます。[D＝50％、A＝50％]のようなひとは社会的な野心の大きすぎない中庸のひとといえましょう。野心が度を超して大きくないということは、地位の争奪戦で第一線に躍り出にくいことを意味します。しかし権謀術数に浮き身をやつしたりしない点が、逆に社会的評価を高める作用もあり得るかもしれません。[D＝30％、A＝70％]のようなひとはやむを得ず社会人のようなふりをしているひとともいえるでしょう。この人びとも単独で生きていくことはできないので、そんなふりをして社会に許容してもらわなければなりません。知りあいの医学博士がこの辺りの機微をうまく表現したのを引用しておきたい気がします。志村正子さんという疫学の研究者なのですが、彼女にいわせると、このような人びとの社会人らしいふるまいは一生懸命の演技であり、いわば、「通行手形を見せている」にすぎないのであります。

すぐ気がつくのですが、以上の分類は前節で述べた分類と対応します。前節では「ひとと付き合う(H)」と「ものを処理する(N)」によって個性を分類しました。HはここでのDに対応しますし、NはここでのAに対応します。前節で「H＝50％、N＝50％」のバランスを持つと分類されたタイプはここでも同じ位置にいます。前節でグー、チョキ、パーと分類したものがここではイシ、ハサミ、カミと名づけられたにすぎません。

考え深いひとはきっと引っかかったに違いないと想像できる問題がなお残っています。それは社会そのものの成員構成の問題です。私は先に、「子どもっぽいひと」だけの社会や「引きこもり型」だけの社会は社会として安定しないと仮定しました。では、どうしてそのようなひとが人類数十万年の歴史を通じても淘汰されずに存続するのでしょうか。あるいは、同じ問題を逆から問うこともできます。「集うひと」だけからなる社会がすべての社会を制覇しつくしてしまわなかったのはなぜなのでしょうか。

「集うひと」にとって大切なのは前例、慣行、規則などのデータなのでありました。これは着実ではあっても新しいことの生まれにくい社会であります。子どもっぽいひとの素頓狂な空想や、引きこもり型のひとの現実を遊離した理想主義は一人歩きさせると危険ですが、参考意見としては大きな役割を演じます。集うひとの最も不得手なことだからです。社会が着実な安定に加えて進展可能性を内蔵するとき最も強固な社会ができあがると考えられます。そのような社会は中枢部を集うひとが占拠しています。

しかしそのひとたちは社会のメタモルフォーゼのための参考意見を求めるべき諮問委員会を設けていて、その委員会には子どもっぽいひとや引きこもり型のひとの意見なども反映される必要があったのでした。こうした議論は生物学や心理学のテキストをめくってみてもどこにも見当たりません。それは後述のように、主として精神医学者たちが論じてきたところなのです。

第2章　ひとのモデル

第1節　二つのモチーフ

くり返しになりますが、ひとの生活は二つのモチーフからなる音楽のようなものだといえます。モチーフの一つは「ひととの付き合い」であり、もう一つは「ものの操作」であります。こんな風に簡単にいうと重厚な実証を好むひとからは叱責を受けることになるのですが、複雑にすればよいというものでもないのではないでしょうか。

まだ幼い、たとえば生後五、六か月の赤ちゃんのことを考えてみましょう。この頃の子どもの好奇心は絶大です。ガラガラなどという簡単なオモチャで気をひくことができます。台所のスプーン、一枚のハンカチなどでもしゃぶったり眺めたりあきずに研究します。あの好奇心と研究欲は、そのまま素直に育ってくれたら田中耕一さん級の一流の科学者となるに違いないと思われるほどであります。

「もの」に対する好奇心はどの子でも例外なくたいへん強いということができます。二歳前くらいの子どもが公園の砂場でしゃがみこんでじっと砂を見つめている情景は感動的なものでした。私は一、二分間その様子を遠くから見ていて、いったいその子が何を見ているのか知りたくなって近づこうとしたことがあります。その子はなおもじっとかがみ込んでいました。何分かした頃母親らしいひとがすぐ後ろに来て二度ほど名前を呼びました。するとやっとわれに返った様子で子どもはふり返り、嬉しそうに微笑して、砂を指差してこう言ったものです。「アリさん」、と。

この指差しと報告行為の意味はたいへん深く、これとよく似た次の情景にはこの報告という行為が欠けていました。やはり砂場であります。もっとも公園ではなくて、ある障害児施設の砂場でした。ちょうど運動会の練習の時期にあたっていて施設のグラウンドはたいへんにぎやかでした。しかし自閉症とされる一人の少年にとっては運動会のことはまったく気にならないように見受けられました。その少年はさっきからずっと砂場にかがみ込んだままなのです。両手で砂をすくい上げては、きっかり額の前まで持ち上げてから、サラサラと少しずつ砂をこぼしていきます。全部落としきるとまたすくい上げて、同じことをくり返します。目は砂粒が堆積しては崩れていくさまに釘付けされたように動きません。私は（おそらく）数分間は見ていましたが、あとで介護の担当者に尋ねてみたところによると、何分ではなくて何時間でもそうしているだろう、とのことでした。

子どもたちはこんなとき脇目もふらず一心不乱に見ています。いま興味をひかれたものを見たりいじったりすることに没入しきっているのです。アリの六本の脚がいそがしく動くたびに砂粒が転がる様子も、サラサラと山をなして砂粒が堆積しかかっては転がりすべる様子も、たしかに見ていてあきないものに違いありません。そのことに想到して私はむしろ恥ずかしいような気がしたものでした。

これはほんの一例にすぎません。子どもたちには一人の例外もなく「もの」への好奇心があります。一日の活動時間のうち何割かはものを見たりいじったりすることによって消費されます。これは紛れもなく子どもたちの生活の重要なモチーフなのです。

ところで、人間の生活にはもう一つのモチーフがあります。たったいまあげた例にもそのことが含まれています。子どもは砂場のアリに気をとられて母親の呼び声に気がつかないほどでした。しかし二度目に呼ばれると、ふり返ってニッコリしました。そして自分が何に熱中していたのか報告しました。それがどんなにおもしろいことなのか、ぜひとも母親に伝えたかったに違いないと思われます。その子はそれがおもしろければ母親にもそれを味わってほしくてたまりません。それがおもしろければおもしろいほど、母親に味わわせたい要求も強くなります（もうちょっと成長した少女などに共通の「見て見て」という発話が思われます）。その子はこうしてどれほど何かの「もの」に熱中していようと、その楽しみを一人きりのものとして隠してはおけないのです。「ひとと共有する」というモチーフは生活のなかに必ず顔を出すのです。

久保田正人さんは二つのモチーフが同時共存するのではなく、交替するということを指摘して次のように述べています。

「物との関係にふけり、対人接触にひたることが交代することは、子猿では見た目にはっきりするもので、物を相手に遊んでは突然母親のもとにとんで帰る……（竹田瑠璃子さんによると）、子猿が幸福そうにしている場合が二つある……。一つは育ての親に抱かれて甘えているときで……、もう一つは母親のことも忘れたように独りで物をいじっているときである。」

このように二つのモチーフは交替して生活を形づくります。一方だけがずっと続くことはなく、二つが交互に顔を出すのです。このような断定はあるいは強引すぎる印象を生むかもしれません。母親の胸に抱かれながら、ガラガラを振って見つめている赤ちゃんはよく見かけられます。そこでは「ひとと交わる」モチーフが「ものをいじる」モチーフと同時に起きているように見えるのではないでしょうか。そうだとすると、二つのモチーフが交代する、というのはいい過ぎということになります。しかしこのような場合でも、二つのモチーフは交代していないとはいいきれないように思われます。母親の胸でうっとりしている赤ちゃんは手のなかのガラガラを忘れがちです。眠ったわけではないのにガラガラはよく落っこちます。ガラガラに見入っているときは母親へのしがみつきが弱まるという具合です。

知りあいの臨床心理学者、春日喬さんは長年の臨床経験を通じてずいぶんたくさんの患者さんと接してきました。この春日さんがまた、久保田さんとは独立に、情報処理システムとして人間をモデル化しましたが、やはり同じように二つのサブシステムに分けております。こういう一致はよくあることなのですが、偶然のこととは思われません。

「ひと」と「もの」の処理機構は二つのサブシステムであるということを私たちの体験によって裏付けてみましょう。AさんとBさんが喫茶店で向かい合っている場面を想像してみます。どこの民族でもどんな年齢でも同じことが起きます。AさんがBさんに何か問いかけました。するとBさんが考えます。ふたりの視線は直前まで交わっていましたが、考える瞬間にBさんの視線はAさんを外れてそっぽを向きます（母親の胸に抱かれた赤ちゃんがガラガラに熱中して母親を忘れるのに相当するのではないでしょうか）。Bさんは考えた結果を答えようとします。するとBさんの視線はふたたびAさんへ戻ります。考えるとき、なぜBさんは視線をそらすのでしょうか。考えるのは内的に「もの」を処理することであり、そのため「ひと」との付き合いを一時停止することが必要になるからだ、というのは一つの合理的な解答ではないでしょうか。

もちろん、質問されたら必ず眼をそらすわけではありません。「元気?」に対しては視線を逸らすことなく誰でも即座に「はい、元気です」と答えられます。考えてなどいないのですから、ひとの処理機構がそのまま支配的で差し支えないのです。視線をそらすことなく長時間にわたって会話が続く場合があります。それは親しいもの同士が親しさを表明しあうために行なう会話です。万国共通のことですが、恋人同士では視線を交えたままの会話が長続きします。視線を交えて互いに交流することそのことが大事なのです。図2-1の子どもが「もの」にふけっていると同じくらい強く「ひと」にふけっているのです。話していることなどどうでもよいのであって、ものの処理機構など介入する余地がないわけです。

対人交流と眼の交わりはほとんど同じ意味があります。新生児は生直後に周囲の大人(看護師や母親)と眼を見交わすことができます。まるで生まれた直後に「眼というものが必ずあるはずだから探して見つめなさい」と指令されているかのようであります。実際に私たちの脳には対人交流の装置が組込まれており、その重要パーツとして「眼を見交わしなさい」という指令装置がある、と想定できます。図2-2は私の研究室で鈴木祐紀子さんと斉藤和歌子さんが行なった「眼の誘引力」の測定のために使われた刺激です。上下どちらか一方の眼を見つめると他方の眼が気になり、まるでそちらに引き付けられるような印象が避けられません。この力は二セットの眼の間の距離がはなれるにつれて弱まるのがわかります。引力の強さは距離の二乗に反比例するものとみなして、この法則は「眼有引力の法則」とよばれました。

しかしほかのこともあり得ます。私たちが眼を見交わすという感じを持つためにはどのような条件が必要なのでしょうか。

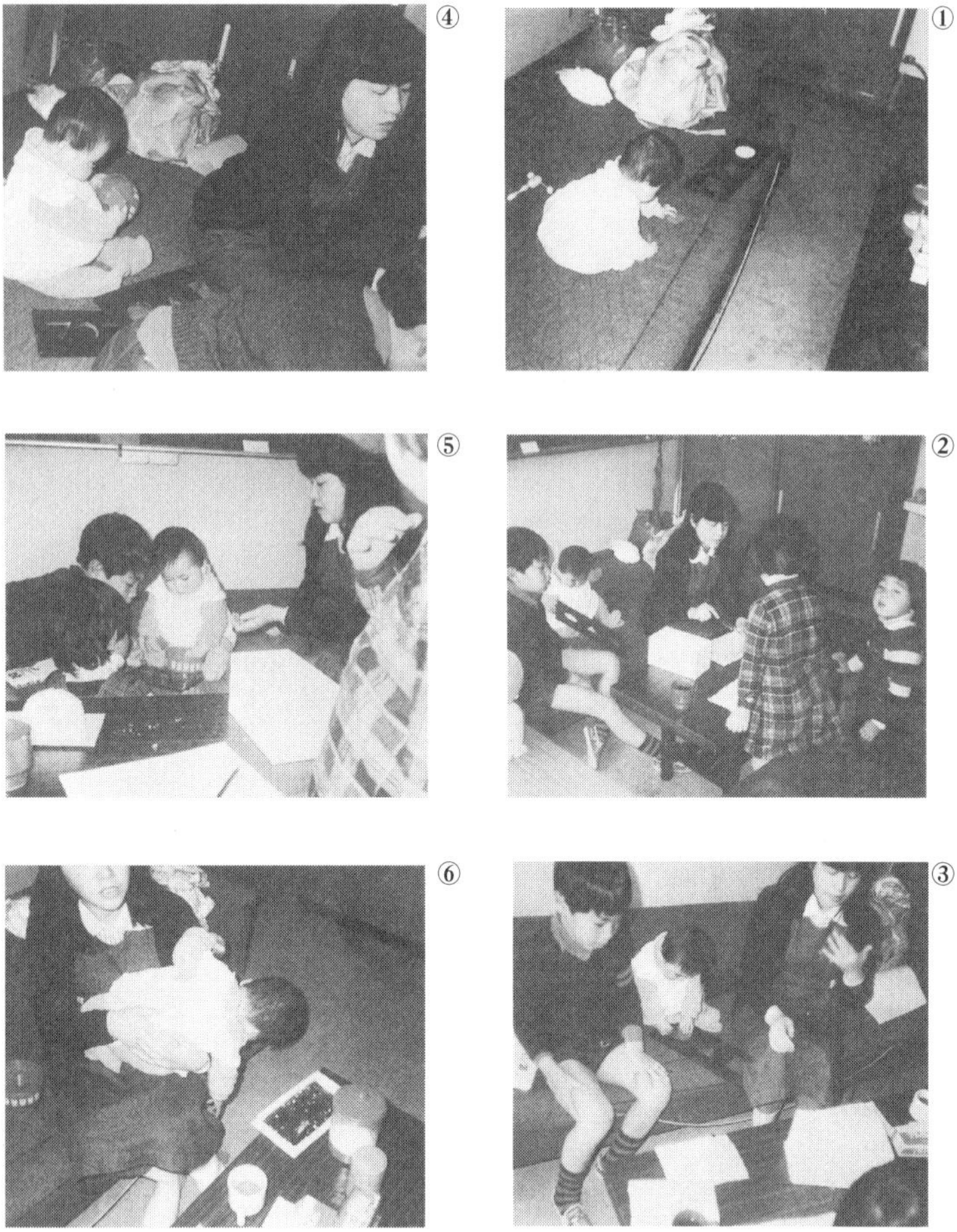

図2－1　周囲の「ひと」との交わりを絶ち「もの」にふける子
（久保田，1993）
久保田正人さんが記録した連続写真「ものにふける子ども」。子どもは周囲の人たちがパーティーで盛り上がっていても目もくれず，ハメ板道具に夢中で取り組み続けている。

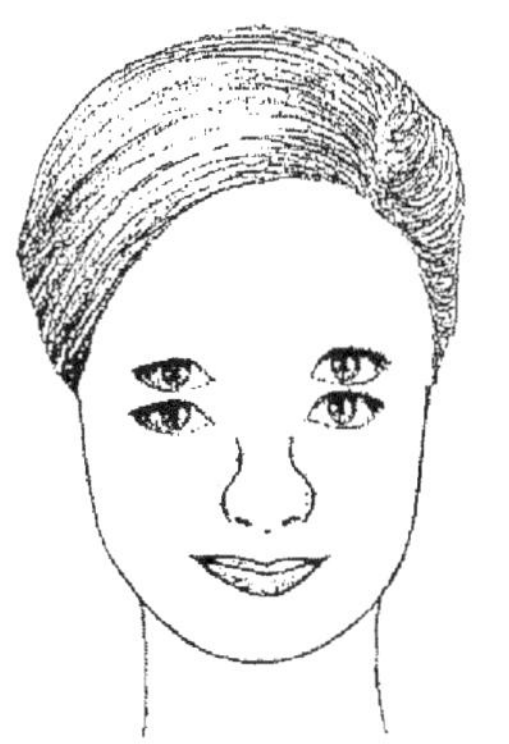

図2－2　眼有引力の法則
上方の眼を見つめると下方の眼に引かれ，下方の眼を見つめると上方に引かれ，視線を落ち着かせるのに困難がある。
二つの眼の間が広がるにつれ，いらだたしさが減る。
（斉藤和歌子・鈴木祐紀子）

学会シンポジウムで聴いた佐藤隆夫さん（東京大学）の話には興味深いものがありました。AさんがBさんと「眼が合った」と知覚するのは正面から左右に三度のズレ以内に収まるということで規定されているそうであります。喫茶店で向かい合っているひと同士の「まなざしの一致」はお互い間違えることはないことになります（図2－3）。しかしBさんが遠くにいるような場合だと、Bさんの隣のひとを見つめているのに、Bさんが「まなざしの交換」を知覚したと誤解することがいくらでも生じ得る、ということになります。Bさんが異性だと「ワタシに気があるのカモ」などと誤解されるかもしれず、Bさんが危ないスジのひとならば「ガンつけた」などとからまれるかもしれません。なぜ三度なのかという疑問が起こりますが、それは巻末の補足【5】に譲っておくとして、このような条件を考慮すると、眼有引力は三度以内にツーペアの眼が提示された場合に固有の現象なのかもしれません。

対人交流とまなざしの交流ということをめぐって、もう少し細かいことを注釈しておいた方がよいかもしれません。「ひと」モジュールと「もの」モジュールの分化とはいっても、微妙なケースがあるのです。それは他人を客観的に観察する場合です。日常語で「傍観者」という視点であります。この場合は「ひと」を「もの」として見ていると考えられます。視線は冷ややかなものとなりますが、必ずしも悪意があるとは限りません。他人の所作の特徴をよみ取ろうとしているときなどがこれに該当します。逆に、コレクション・マニアなどが思い入れたっぷりに入手した物をなでまわして眺める場合には、まるで「もの」を「ひと」のように見るかのようであります。

他人を「もの」のように観察しているときに、「ひとを見ながらもののモジュールがはたらいていた」ということがはっきりわかる場合があります。たとえばAさんがBさんとCさんの会話している場面を傍観しているとしましょう。BさんやCさんの顔の特徴に注意が向きました。AさんはBさんのホクロとかCさんのまつげの反り具合などに注意してシゲシゲと眺め入っています。そのとき突然一人がこちらを向いて視線がぶつかってしまいました。Aさんはドギマギして視線を取り繕わざるを得ないのではないでしょうか。このような体験は誰でも持っています。このときの「取り繕い」は「もの」から「ひと」への動作の切り替えだったと想定できます。

生活が二つのモチーフからなる音楽のようなものだというたとえの意味は以上のようなことであります。もう一つ睡眠の時間があることも忘れるわけにはいきません。音楽にたとえればこれはモチーフというよりは休止符であります。休止や間《ま》は音楽では重要な役割を持っているのですが、生活においてもまったく同じでありましょう。睡眠の役割はまだこれとはっきり断定できるものがありません。しかし

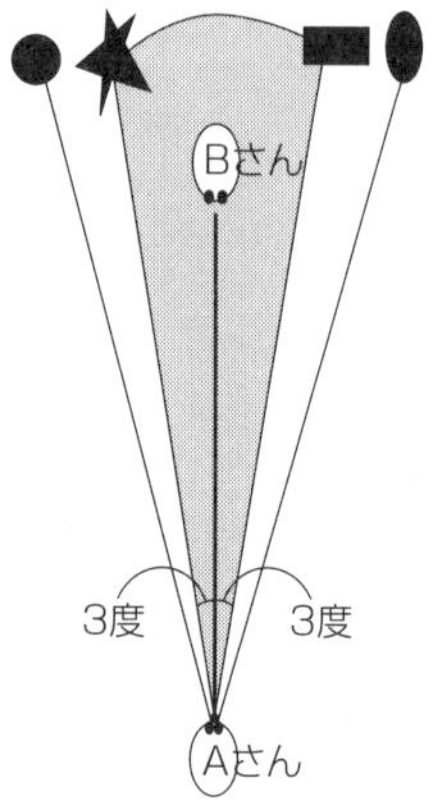

図2－3　まなざしの交流を感じ得る条件
Bさんは相手（Aさん）の視線が左右に3度くらいずれていても「眼が合っている」ように感じる。相手が遠くなるほどこの範囲に入る事物は多くなり，錯覚も起こりやすくなる。
（佐藤隆夫さんの研究による）

単なる脳細胞の休養と新陳代謝というのでは足りず、たとえば、情報の整理、情報の新しい組み合わせの生成など情報面の新陳代謝が行なわれていると考えられます。そうだとすれば、睡眠と個性の関係も無視できないことになります。睡眠時間と個性の問題についての資料は（私の場合）たいへん手薄なので以下では「ひと」と「もの」という二つのモチーフで考えていくことにします。

この二つのモチーフの比重が個性を決定するモデルはいくつかのバージョンで例示しました。しかし個性がどうあろうと一方のモチーフがゼロになることはないと考えられます。二つのモチーフは二つとも欠くことのできないモチーフであることを簡単なモデルで示したいと思います。

第2節　世界からの孤立

「ひととの付き合い」と「ものの処理」のモチーフがいつでも共感や喜びに満たされることに決まっていたら、人生はさぞストレスのない気楽なものになることと思われます。もちろんこれはありもしない絵空事にすぎません。私たちの生活は、赤ちゃんの段階からしてすでにさまざまな行き違いを体験しなければならない運命におかれています。またしても久保田正人さんの引用です。図2－4をご覧ください。

風呂場の衣服入れ用のカゴに入って揺すって遊んでいた赤ちゃんがカゴから出ようとします。カゴのへりを手でつかんで立とうとすると、カゴが傾いて倒れそうになります。赤ちゃんは出るに出られず困ってしまいます（赤ちゃんはこうして早くも人生が艱難辛苦の修羅場であることを学ばざるを得ません。そしてこの年齢でもひとは結局のところ自力で問題を解決しなければならないのです）。赤ちゃんは手でカゴのへりをつかむと揺れることに気づきます。支えの手をカゴ底について足をカゴ外に出せばよいことを自力で見つけ、ついに脱出に成功します。

戦国時代の昔、山中鹿之助という武将は月に向かって、「我に七難八苦を与えたまえ」と祈ったそうです（子ども心に絵本を見ておぼえた感動がいまも残っています）。私たちは山中鹿之助のように祈ることはありそうもなくて、むしろ祈るとすれば逆方向に祈るものではないでしょうか。このような難題は、どの道、絶えず降りかかってくるものであります。しかしよく考えてみれば、ストレスのない極楽みたいな世界が実現したらよいともいえない気がします。快適な温度、甘いかおり、争うことのない人びとといつでも好きなように遊んで暮らせる世界は、何一つ苦痛のないよい世界のように見えますが、この世界には変化がないのですから（馴れ、心理学でいう馴化作用によって）、どんな快適さも快適と思えなくなってしまうに違いありません。しまいには退屈で退屈でとてもたまらないということになる

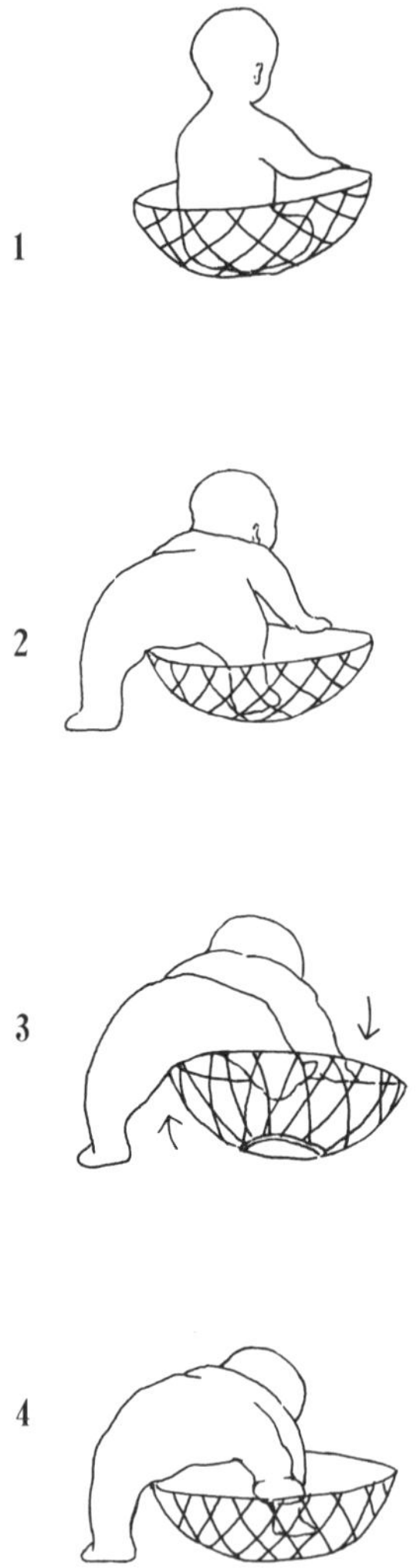

図2－4　人生は艱難辛苦の連続であること
（久保田，1993）
赤ちゃんが困難を自力解決する経過図。

に決まっています。こう考えると、極楽というところは、もしあったとしても、退屈した客がみんな逃げ出してしまうので経営の成り立たないお店といったところであります。この想像は心理学の有名な実験を連想させます。マギル大学で行なわれた感覚遮断という恐ろしげな名前でよばれる実験です。かいつまんでその実験の概要を紹介します。

心理学の実験では被験者にアルバイト料を払うのがふつうです。パートタイムの賃金と似たような金額ですが、この実験ばかりはどんなに高い料金でも被験者のなり手が見つからないような気がします。しかし実際にはそうではありませんでした。一時間一ドル（現在の十ドルくらいになりますか）というような料金で被験者になるひとが結構現れたのでした。この勇気ある被験者は個室に閉じ込められたうえ、感覚を奪われます。感覚を奪うとはいっても、目や耳をとってしまうわけにはいきませんから、それと似た状態を構成するのです。目にはピンポン玉を半分に割ったような形状のフタを取り付けたりゴーグルをかぶせたりします。耳は電話用のイヤフォーンをとりつけてふさぎ、そのなかに絶えず雑音を流します（外から入る音にマスクをかけてしまうのでマスキングとよばれます）。このイヤフォーンは実験者が必要に応じて外部から被験者と連絡をとるためのものでもあります。手や腕、足などもグラブや筒などで覆われます（触覚を遮断するのです）。見たところ大ヤケドで入院した患者のような気の毒な状態であります。この状態におかれた上、何もしてはいけないなどと指令されます。そしてできる限り長い間がまんしてくれるように求められるのです。もちろん食事やトイレのときは別です。

この状態では一時間ともたないのではなかろうかと思われるのですが、意外にも二日、三日と持続するひとがいるのです。持続するとはいっても、実は心身ともに影響が現れます。知的なテストの成績も少々低下してきますし、時間感覚も損なわれるそうです。幻覚などが起きたりします。「もうコレ以上はタマラナイ」、というところで被験者は電話でギブアップを意思表示します。これで過酷な状態からリタイアできることになりますが、リタイアできずにがんばり続けたら早晩おかしくなることが予想されます。

一人ひとりのこころにはそれぞれの世界があります。その世界にはものが配置されているのでなければなりません。マギル大学の実験はそのことを示唆しています。ものが何一つない世界ではこころそのものの成立が定常性を失い、あやうくなるように推測されます。ものがあってこそ初めてその姿を眺めたり、それに触れたり、香りをかいだりできます。ものをいじったり、壊したり、つくり直したりできます。もともと私たちが感覚器官と運動器官を持っているのはそのような世界で生きていくためなのであります。

マギル大学の実験が示していることは誰が考えてももっともだとしか思われないことであります。いくらアルバイトだからとはいえ、こんな実験にすすんで参加したがるひとはいないのではないでしょうか。このテの実験はなまなかな思いつきでやれるものではありません。しかし実験を想像してみることはタダでいくらでもできます。そこで、ここでは実験を修正して継続することを考えてみたいと思います。

修正のポイントはこうです。実験室で横臥した被験者は二方向の電話で外部と連絡がとれるのでしたが、ここでは、被験者が何かを要求してきても実験者はこれにいっさい応答しないのです。被験者からの連絡はすべて外部に通じていますが実験者はこれを黙殺します。二方向の連絡網が見かけ上では一方通行にされてしまうのです。残酷な修正であります。もしこの条件を告げて被験者を募集したら、これに応募するひとは一人もいないに決まっています。その条件は伏せて被験者を募るものとしましょう。被験者をだましにかけるのです。

こういうダマシ実験は実際には法的にも道義的にも許されません。★注3 ここではあくまでもそういう実験をやったものと想像するわけであります。こういうことを思考実験★注4ということがあります。その意味するところは、本当に実験するのではなくて、「ただ考えてみるだけの」実験ということなのです。これを馬鹿にすることはできません。思考実験によって重要なことが明らかになったことはこれまでにもたくさんあったのです。思考実験を十分に積み重ねればたいていのことが明らかになる、とすらいってかまわないくらいです。その一つの証拠はいま私が提案したことによって例示されます。

★注3……昔は被験者の人権など考慮せず実験することがよく行なわれました。今日では被験者の人権を保護するために、研究法への制約が学会で正規に定められ、これを監視する委員会が設けられています。だから危険が去ったと考えるのはたぶん早計です。監視する委員たちはいわば「お手盛り」の結論に傾くに決まっているからです。また、昔はずいぶんと野蛮なことをやっていたものだナアなどという感慨をいだくのも早計だというべきでしょう。カレル・チャペックの『山椒魚戦争』を読むまでもなく、サルやネコの立場からするとその権利を蹂躙しているのはかまわないのか、ということになりますから。

★注4……エルンスト・マッハ（これはアインシュタインの先輩格の天才物理学者であるとともに、知覚心理学などの名高い業績で心理学の始祖の一人でもあります）は、『認識の分析』のなかでガリレオのことにふれて、たしかこんな風に書いたのでした。「ガリレオは思考実験の天才である」、と。実際、ガリレオの『新科学対話』は思考実験の連続であります。

さて思考実験をしてみました。その結果は（私の思考では）こうであります。いまや被験者はエレベータに閉じ込められて電話も切れているような状態であり、あるいはだまされた無実の囚人のような状態であります。この「囚人」はある程度時間がたてば、いずれは自分がだまされたことに気づきます。初めのうちはマイクの故障だと考えるかもしれません。多少の心配が頭をもたげます。「まあ、いずれ実験者は故障に気がついてくれるだろう」、と自分にいい聞かせたりしています。しかし待てど暮らせど期待したようなことになりません。何時間たっても自分が「だまされた」ということになかなか思いいたりません。不安をなだめすかすようにして精一杯がんばります。しかし（たとえば三度目の食事がベッド脇のトレイにあることに気づいたとき）これはただごとではないのではないかと思います。「囚人」は目を覆うゴーグルをむしりとって、マイクに向かってではなく、大声で叫び始めます。何の応答もありません。半狂乱の数時間が過ぎてから、「囚人」はまたしても、いったい何が起きたのか一生懸命に理解しようとするかもしれません。もちろん理解などできるはずもありません。

さて、この理不尽な「囚人」状況を何日放置しましょうか。「思考実験」ですから好きなようにしてかまいません（実は「思考実験」では被験者は常に自分自身なのです）。「囚人」はある時点から次々と、すべてあきらめていくような気になりました。まず、外部の実験者と連絡をとろうとすることをあきらめ、ついにはこのような事態についてせめて理解しようとすることをもあきらめようとします。実験用の諸道具や衣類はすべて捨て去っています。室温はちょうどよいし、食事もきちんと不足なく提供されるし、「結構な生活じゃないか」、などと自分に言ってきかせたりします。しかし少したつと、理不尽な状況への憤懣と、なぜこんなことになったのかわからないことへの怒りの発作が起きてくるのをどうすることもできません。「囚人」の気持ちはやるせない、不安定な状態であり続けるのです。とはいえ、こうした感情の起伏もしだいに振れが小さくなっていくようであります。

ある日時がたちました。もっとも、「囚人」自身にはもはや何日たったのかわからなくなっています。「囚人」はいまでは落ち着いた、というよりは疲れはてたような意気消沈の底にいます（こんなことにでも馴れはあるものではないでしょうか）。すべてが空しく、生きているよりも死にたいような気持ちです。しかしなぜこんな羽目に陥ったのか理解できないことが自殺を決行する気分を妨げるようです。初めは気が狂いそうだ、と思っていたものでしたが、いまは違います。気が狂ってしまえたら、と願っているのです。

思考実験の締めくくりをどうつけたものでしょうか。一方通行の電話を両方向のものに気づかれないように戻してみましょう。「囚人」の電話機に小さなノイズが加わります。ノイズは小さいので気づかれません。そこであるとき、実験者の側から「もしもし」とそっと呼びかけてみます。この声に気づいた被験者の心臓がどのような拍動を示すか残念ながら観察することはできません。測定用のあらゆる道具を被験者はとっくにみな投げ捨ててしまっているはずだからです。しかし測定するまでもなくハッキリした動揺が被験者の全身に現れるに違いないと考えられます。

ここまで思考実験をしてみると、私たちはこれが小説などで描かれた場面と重なることを指摘せずにいられなくなるのではないでしょうか。たとえば、世界中にあまねく愛読者が散らばっているアレクサンドル・デュマの『モンテ・クリスト伯爵』が思い出されます。この物語の発端はまさしく無実の罪をきせられた主人公が絶海の孤島の岩牢に十四年間も幽閉されることにありました。語り合えるひとが一人もいない状態がどういうものか、デュマが描いた主人公の心理状態はこの思考実験の結果を裏書きしてくれています。

『モンテ・クリスト伯爵』の主人公は「牢内に忘れ去られた囚人のなめるありとあらゆる不幸の段階」を経過したうえで、四年目には食事をとらずに自殺しようとします。そのとき、彼はかすかな物音を聞きつけたのです。それが隣の岩牢にいる囚人のたてる物音であると知ると、彼はなんとか連絡をとるために岩に穴をあけようとして死に物狂いで働くようになりました。仲間に会えるかもしれないということは死に瀕した無気力からさえ立ち直らせるものとなったのです。そしてある日、隣の囚人が問いかけてきた場面はこう書かれています。

「(……その声は)まるで墓から聞こえてきたもののように思われた。ダンテスは頭髪が逆立ちでもしたように思った。」

わかりきったことをくどく書きすぎたようです。もう一度いえば、私たちのこころにはそれぞれの世界があります。その世界にはあちこちにものが配置されていなければなりません。ものがない(ものが感じられない)空虚な世界では定常性のあるこころが成り立ちそうにない、ということがマギル大学の実験で示されました。しかしものがありさえすればよいというのではありません。簡略な思考実験や作家の書いた文章(これも実は思考実験なのですね)からわかることは、一人ひとりの世界には「ほかのひと」が配置されていなければならない、ということであります。

こういうと、「ひと」だって「もの」の一つではないのだろうか、といぶかしく思われるかもしれません。私は、そうではない、というのではないのです。一万円札は一枚の紙であります。新聞の折込広告やティッシュ・ペーパーや一万円札はみな紙の一種なのですが、ひとにとって（少なくとも日本人にとって）一万円札はただの紙ではすまされないものだといえるのではありませんか。それと同様にして、ひとのこころの世界には「もの」と「ひと」がなければならないというのであります。ハラペコの熊にとっては栗の実もウサギもひともあまり区別されないのかもしれません。ひとにとっては「もの」と「ひと」とは区別されるのです。

私たちは一人ひとり別の世界のなかに生きています。その世界は一人ひとりさまざまです。Aさんの世界にはBさんの世界に比べてはるかにたくさんのひとが登場するかもしれません。Bさんの世界には埋め合わせのようにAさんがついぞ考えもしなかったようなものでにぎやかに満たされているかもしれません。あるいはまた、Bさんの世界はAさんの世界に比べてひとももものも乏しい閑散とした世界ということもあるでしょう。いずれにせよ、どのひとの世界も「ひと」と「もの」から成り立っているという点では共通しているのではないでしょうか。一人ひとりの個人差はまたしてもその共通な世界の差異なのであります。

ここで生き物にとっての世界ということについてユクスキュルというひとが述べたことを引用しておきたい気がします。ユクスキュルは、動物種それぞれが（イヌならイヌらしくヒトならヒトらしい）固有の世界を持っていて、世界のあり方は動物種ごとに異なっている、といいました。そしてこのような種共通の世界のことを「**環境世界**（環界）：Umwelt」とよびました。世界の成り立ちが動物種ごとに異なるので、それぞれが同じ環境を分け合って生きていくときにはどの動物も「意味に耐える」ということが必要になる、とされます。生きるということは「意味に耐える」ということなのです。ユクスキュルの「意味に耐える」という言葉は難解なのですが、たいへん味わい深い言葉であります。説明すると次のようなことになりましょうか。野ばらが「生きて」いる情景を想像します。するとアリの行列がやってきて野ばらを通路にして歩いていきます。アリは勝手に「道である」という意味を野ばらに与えて利用しているのです。ミツバチはこれまた勝手に、野ばらは自分たちの食料源であるという意味を与えて利用します。きわめつけは人間（特に女性）でしょう。野ばらは自分たちの目の楽しみにほかならない、という意味を与えます。そして枝を切り取っていきます。野ばらは周囲が勝手に与えるこうしたさまざまな意味づけに耐えていかなければなりません。イヤもオウもないことなのです。これが意味に耐えるという定義の内容であります。以上は生物社会の種同士のことですが、人間社会でも事情は同じであります。私たちはみんな周囲の与える勝手な存在意義に耐えることなしには、生きていけないのですから。

ところで、AさんとBさんが友人同士ならばAさんの世界にはBさんが配置されています。Bさんの世界にはAさんがいます。二人はそれぞれの世界にいわば（地下鉄と私鉄各社みたいに）相互乗り入れしています。Aさんの世界にはBさんがいますがBさんの世界にはAさんはいないというようなこともあります。そのほかのこともあり得ます。

友人同士でない相互乗り入れだっていくらでもあり得ます。AさんにとってBさんはただ単に利用しやすいひとでしかないかもしれません。憎らしいひとかもしれません。しつこく近づいてくる面倒くさいストーカーかもしれません。小説などを見れば、考えられるありとあらゆるパタンが見つかりそうで

あります。

世界のなかに、好ましいひとを持っているなら、そのひとの世界は明るい色をおびているといえます。あるいはこういった方がよいかもしれません。「このひとは理解できる」というようなひとのいる世界は明るい色をおびる、と。もし「自分を理解してくれるひと」がいる世界ならなおさらです。「理解されている」ひとのいる世界はまったくバラ色の世界というべきでしょう。逆に、理解できないようなひとばかりの世界は暗い色をおびています。

「ひと」と「もの」はどちらも世界を構成する不可欠の要素です。どちらも欠くことができない以上、どちらが重要ということはなく、重要さはどちらも遜色なしとしてよいでしょう。しかしこれで終わりではないように思われます。よくよく反省してみると世界にはもう一つの要素があるようです。それは自分自身であります。自分自身が世界のなかにいつでもはっきり顔を出しているとはいえませんが、「ひと」も「もの」も常に「自分自身」と関係して現れるのです。「好きなひと」も「好きなもの」もそれを好いている自分自身があって初めてそういえるわけです。自分自身は世界のあらゆる要素を意味づけるのですから、いわば世界の土台のようなところにあたるのかもしれません。

私たちは一人ひとり異なった世界に生活しています。しかしどのひとも「ひと」、「もの」、「自分」の配置された世界を持ち、そのなかに生活しているという点では同じだといえるのです。

第3節　人間のモデル（模型）

前節ではこころの風景をスケッチしました。地面のようなところに「自分自身」をおき、そのうえにさまざまな「ひと」や「もの」が配置されるのでありました。いろいろな問題が気にかかるかもしれません。

①「ひと」と「もの」というような大雑把な分け方でいいのだろうか（たとえば、犬や猫は「もの」ではなかろう）。

②「ひと」と「もの」の重要度は本当に同等なのだろうか。

③こんな風にスケッチされた人間はプラモデルみたいなもので、大量の観察データによる心理学の科学的人間像に比べてどんな意味があるのか。

④「自分」、「ひと」、「もの」で構成されるといっても、いったいどんな仕掛けになるのだろうか。

そのほかの疑問もあるでしょう。しかしこうした細部にとらわれずに、全体のすっきりした把握をこころがけるのがここでのねらいなのです。①と②の疑問はもっともなのですが、どう定義してもそれなりに整合的な理解に到達できるのではないでしょうか。③は重大な問題を内包しています。学生など、若い人びとのために少しだけ寄り道をしてみましょう。

大量のデータに基づいた客観主義の心理学というのは現代心理学のうちのいわゆる「実験心理学」を指すとしてよいでしょう。知覚心理学など、ごく限られた研究分野を除外すると、この種の心理学研究の歴史にはさしたる成果はないのです。実験心理学には統計学を中心にした「心理学研究法」などを重視するという悪いくせがあります。私はこのような心理学分野をあまり信用できません。こういう意見は私だけのものではなくて、古くは科学哲学者のポパーが、近年では言語学者のチョムスキーが、また、認知心理学の大御所というべきナイサーが、そして最後に、ごく最近にもMITの心理学者のキュークラが理論心理学を提唱する著書のなかで、こうした意見を表明しています。実験心理学は百五十年にもなろうとする研究の歴史があるのですが、（知覚研究を除外してしまうと）日常人がよく知っていることと以上のことはほとんど研究できていないのですから、むしろキュークラや私のような見解が心理学者のなかで大勢を占めないのが不可解なことではないのでしょうか。

ところで、この分野の研究者集団が金科玉条のように大切にする研究法として大量のデータ収集と統計的判断があります。これについていえば、このような方法がなかったら見つけられなかった重要なこころの秘密など一つもないし、逆にこの方法によって初めて見つけられた重要なこころの秘密は何かと尋ねてみても、ほとんど何もないのです。実験分析を重視する心理学の一世紀半は（物理学、生物学などの科学でも初めは不毛な時代が長く続いたのですから、怪しいことは何もないのですが）不毛な空回りに終始し、それがいまも続いているというのが私の意見です。

最後の④は奇妙な問題です。ここで問題にしている「世界」は一人ひとりの「世界イメージ」のようなことです。それは一人ひとりに意味のある世界、いわば、こころのなかの世界です。こころの仕掛けを問題にするのは昔から最もやっかいな問題の一つとされています。これについては少し後まわしにしておきたいと思います。

私たちは「自分、ひと、ものの三者からなる世界」というものをつくりました。これはプラモデルみたいなものといえばそれに違いありません。しかしこの世界モデルはどんなひとにも当てはまり、納得のいく（普遍的な）生活世界といえるのではないでしょうか。それがモデルのよい点なのです。ただし、どのひとにも当てはまるのですから、この世界には個性がありません。いまのところAさんもBさんもまったく同じことになるのです。私たちの問題は個性なのですから、さらにAさんとBさんのような個性化をはからなければならないのです。少しずつ個性化をはかるのですが、個性化についてもわかりやすいモデル構成ですすめます。

第3章　性差

第1節　性別の構成

プラモデル人間はひとの模型です。何人並べてみてもみんな似たり寄ったりです。どこにも個性らしきものが見当たりません。ここから出発して（ちょうど彫刻家が大理石から人間を生み出すように）しだいにさまざまな個性を造形しようと思います。「似たもの」をつくってものごとを理解しようとする行き方、構成的な理解を追及してみようというのです。

どれも同じ人間模型を二種類に分けるような個性化を持ち込んでみましょう。性別を持ち込むのは悪くない思いつきではないでしょうか。

あるひとが男か女か間違えるということはまれであります。もっとも、幼いうちだと性別の誤認はめずらしくありません。友人の抱いている赤ちゃんをのぞきこんで男女を見間違えたあげく、トンチンカンな会話をするのは日常ザラに見られる情景です。だから「男の子ですか」という慎重な質問も、初めて見る赤ちゃんについてはありふれているわけです。こうした質問が許されるのはせいぜい二―三歳くらいまでではないでしょうか。四―五歳で性別の取り違えが起きた場合、バツの悪い思いをするのは親の方なのではないでしょうか。十五や二十にもなったひとについて「男でしょうか」などという質問はふつう、あり得ないことといえましょう。なぜでしょうか。それでは失礼にあたるから、というのが説明です。しかし根っこを問えば、なぜ失礼にあたるのでしょうか。わざわざ尋ねなくても明らかなことだからであります。

私たちはふつうあるひとの性別をひと目で誤りなく認めてしまいます。衣装や髪型や話し方がしきたりに従っているならそれによって簡単に判断できます（海水浴場のように衣装が手薄ならなおさら簡単です）。衣装や髪型や話し方によって性別を偽ってだますのは簡単ではありません。会社員が教師なり絵描きなりのふりをする（あるいはその反対）のも必ずしも簡単とはいえませんが、性別を偽ってだますのは、これよりはるかに困難ではないでしょうか。衣装や髪型を反対にしても体型や所作で見分けられます。タレントのなかには話し方まで異性の言葉で話すひとがいますが、これもたいてい子どもにでもすぐ見分けがつきます。からだの性差については誰でも知っていることで、いまさら何もいう必要がないように思われるかもしれません。実際そのとおりなのですが、ここに注意しておきたい点が一つあります。

ひとはそれぞれの経験によってたいていのことを知ってしまいます。心理学がそのうえ何を知ることができるか、考えてみるのは大切なことです。福田恒存という思想家が、たしか「心理学を知るは健全な常識を蓄えるに如かず」というようなことをいいました。これはあたっているでしょうか。

あちらからモノトーンのオーバーコートを着たひとが歩いてきたとします。それが二十歳くらいの女性だとわかったとしても、さほど不思議ではないでしょう。この場合、教科書的な第一次性徴や第二次性徴で判断できたわけではありません。髪型はポニーテールで、化粧は薄く、遠目には女性とわかるほどの特徴が見えなくてもなお女性とわかることはありふれたことなのです。からだのプロポーションもオーバーコートが隠していてわかりません。声が聞こえるわけでもありません。犬ではないので臭いでわかるはずもありません。では何でわかったとすべきでしょうか。残るのは動作や所作の特徴ではないでしょうか。

本やバッグの持ち方が男と女では違うという観察があります。新井康允さんの観察ですが、いわれてみれば誰でも思いあたります。だから遠方からでも、その女性がバッグなどを胸に抱えていれば、それだけですでに女性らしく見えてしまう兆候となります。

この観察をさらに補充しましょう。ジョギングなどで手を振る際、こぶしの握り方が男と女で違います。この違いは本当にささいな違いですが、私たちの目には大きな効果を与えるのです（図３－１）。

図3－1　女性らしい握り方
（写真モデル：キューティー鈴木）
写真提供：朝日新聞社

こうした特長は、いわれてはじめてなるほどそうだと確認するひとが多いように思われます。そのひとは、それまでそのことを自覚的には知らずにいたといえるでしょう。しかしそのひとがそれを「まったく知らずにいた」というべきなのでしょうか。どうもそうではないようです。なぜなら、そのひとも同じように遠くから性別を見分けることができていたのですから、いわば動物的な勘ではそれを知っていたとでもいうのでしょうか。あるいは、（心理学ではこのようないい方をするのですが）無意識にそれを知っていたということができるでしょう。

このような無意識の知識は注意に値します。私たちの生活は意識にのぼる知識や教科書の知識だけで縛られているわけではありません。そうではなくて、この例のように、動物的な勘、あるいは無自覚で本能的な知識によって縛られていることがたいへん多いのです。人間の無自覚な知識について知ることはたいへん大事な点であり、巻末文献の12にはそのことが詳しく論じられております。意識にのぼる知識が大切でないというのではありません。しかし本能的な知識に比べるとほんのささいな重みしかないと（フロイトでなくとも）いいたいくらいです。

遠くから性差を見分けるのは何によっているのかという問題に戻りましょう。知覚心理学という、一般のひとにはあまり知られていない領域があります。これは心理学のなかで最も古くまた最も研究のすすんだ重要な領域なのです。この分野では古典ともいえる有名な実験を引用します。

被験者に十個ほどの豆ランプを取り付けた状態で真っ暗闇のなかをふつうに歩いてもらいます。ランプをつける部位は主要な関節（かた、ひじ、ひざ、手首）、それに頭部とします。歩いているところを映画撮影した上でフィルムを一コマずつ点検してみると次のようにいえます。どのコマを見てもわけのわからない十数個の点の集まりにすぎません。とてもからだに沿って取り付けられた点とは見えません。ところで、これを映画として映写し、動かして見ると事情が一変します。たちどころに「ひとが歩いている」と見えるのです。そう見えるのは努力の結果などではありません。そうとしか見ようがないのです。その見え方は強制的で即時的なのです。

この実験はスウェーデンのヨハンソンという心理学者が工夫したものです。実験の目的は「動き」と

いうことが世界知覚の成立にとっていかに大切な役割を演じているかという問題を解明することにありました。その後この研究は多くの研究者に注目され、さまざまな方向に発展しております。その発展のなかに私たちの問題にぴったり当てはまることが出てまいりました。それは、このわずかな点の動きから男女の差が区別できるということであります。

これは歩行という運動の形式に性差があることを証明しています。その差を運動学的に記述することはたいへん難しくてできそうにありません。私たちの眼はひと目でそれを見分ける性能を持たされています。どのようにして見分けられるのかもよくわかりません。はっきりしているのは、視覚がそのような性能を持っていることなのです。正確に記述するのが難しい微妙な男女の差異の例としては、文字の差があります。同じ用紙に同じ文字を書いてもらうと文字を見ただけで男女の区別のつくことがめずらしくありません。手首と指先の共応が男女間で差があるからです。

これは性差の知覚的弁別についての例であります。注意しましょう。私たちは歩き方を見れば性別を識別しますが、歩き方を見なくても性別を識別できます。首のかしげ方はどうなのでしょう。髪のかきあげ方はどうなのでしょう。そのほか、どんな手がかりがあるのでしょうか。動物的な勘というか本能的知識というか、まだ知られていないこのような例がどれほどたくさん残されているのか見当もつきません。その一つひとつを学問的な知識に組み入れていくのはほとんど際限のない仕事になるのではないでしょうか。

性差を解明するのはこのような意味でも難しいことであります。私たちが意識的に知ることのできることは限られていますが、その背後には未知の無意識的な知識がおびただしく隠れているのです。しかもその未知のことが重要でないなどとは到底いえません。それどころか、その本能的な知識は意識に気づかれないままに日常の生活を牛耳っているといえるのです。次のようにまとめることができるのではないでしょうか。

私たちは性差の知識をたくさん持っています。その最左翼には教科書的で学問的な知識（第一次性徴など）があります。その次には声や体型などの生物学的な差と、衣装や話し方などの文化的な差についての直観的な知識があります。この意識的な知識の背後には、意識の表面には現れないで実際の生活を縛っている本能的な知識があります。この本能（ものいわぬ実行者）の領域がどれほどの広がりを持っているのかまだ十分にはわかっておりません。

ところで「ものいわぬ実行者」について話をすすめるのにはもう一つ難しい点があります。たとえば能力の優劣を論じる場合です。優劣の論議はしばしば差別論と結び付いて評判を落とすことになります。本章のねらいはプラモデルみたいなひとに男女の差を持ち込んでみようということです。これまで述べたようなからだや動作に関することだけでは少々もの足りないので、心理的な差も考えなければなりません。慎重を期するつもりですが、念のためにいえば、私は差別なら何でもいけないなどとは思いません。差別にも、正当な差別と不当な差別があると思うのです。無差別ならすべてよいとも思いません。これにも正当な無差別と不当な無差別とがあります。格闘技の性別競技の制度は（今日のところ）正当な差別であります。また無差別殺人は不当な無差別であります。

第2節　男女の能力差

男女の能力をめぐって（21世紀初頭の現在）以下のようなことがいえるものとします。

①子どもを生む能力は女性特有のもので、この能力は男にはない。
②跳んだりはねたりする能力は男女ともに持っているが男性が優る。
③おしゃべりの能力は両性ともに有するが女性が優る。
④機械の製作や使用能力は両性ともに有するが男性が優る。
⑤幼児への愛着や関心は両性ともに有するが女性が優る。
⑥芸術や科学の創造力は両性ともに有するが男性が優る。

①については問題がないものと思われます。②も承認するひとが多いでしょう。③④になると男女どちらからも異論を唱えるひとが出てきそうであります。⑤⑥の二つは反対の声がいっそう広がるのかもしれません。そもそもこれらの主張は意味がはっきりしていないところがあります。「おしゃべりの能力」とはどういうことを指しているのか、「機械の使用」とは何のことなのか、わかったようなわからないような話です。ブルドーザの運転なら男性が上かもしれませんが洗濯機やワープロなら女性の方が上かもしれません。「愛着や関心」とか「創造力」というにいたってはなおさらです。良寛さまはたしか男だったし、紫式部は女だったはずです。

男女を比べるうえでその点は大切なのですが、定義の問題に深入りするとたいてい収拾がつかなくなるものです。深入りは避けて、各自の日常言語理解を頼りにして議論してみたいと思います。疑問のタネは尽きることがありません。男女の差で仮定することができるのはこの六点だけでしょうか。もちろんそうではないのですが、これらを選んで本章のねらいに取り組んでみようと思うのです。さてそこでこの六点についてそれぞれの例をあげて簡略に提示していくことにします。意味を理解する急所はわかりやすい例（具体的モデル）をあげることにあるからです（これについては巻末の補足【3】で説明を加えています）。

①については説明を要しないと思います。これは両性の役割がまったく質的に分化されている根本的な特徴であります。もっとも両者の能力はある成熟段階でのみ問題にし得るというのが正確なところでしょうか。ここでは幼い段階でもこの能力が潜在していること、老齢でもかつてはこの能力を所有していたことを考慮して男女一般の質的な差とみなすことにいたします。

②の運動能力差はスポーツ競技の記録表をみれば一目瞭然です。身長や体重などでは概算で10から20パーセント弱、短距離や長距離でも10から20パーセント程度、跳躍競技などでは20パーセント以上、という具合に男性が優位という結果になっています。腕力競技（うで相撲など）ではこの差はもっと大きくなるかもしれません。球技や格闘技などの総合競技などでは差が複合されていっそう拡大されそうであります。

③のおしゃべりは、電車の中や喫茶店などの風景についての私なりの印象を述べたものにすぎません。単なる印象でよいのかと叱られるかもしれませんが、印象というのは一つのデータなのではないでしょうか。「おしゃべり能力」というのですから、もっと客観的なデータを求めて、たとえばひと月にのべ何時間おしゃべりしたか（あるいは携帯電話使用時間の積分値）などの調査をすればはっきりさせられ

ます。ほかにもこの能力に関係すると見られるデータがいくらも見いだされます。知能テストに含まれている言語項目の成績などを比較した心理学的な資料は昔からたくさんありますが、どの国のどの時代のどの資料でも、またどんな年齢でもまず例外なく女性優位です。しかしよく考えるとこうした資料が何を意味するのかわからないところもあります。日常の会話や読書、文字の知識や作文などについて女性優位なのは（今日のところ、という但し書きがここでも必要です）疑いの余地がありません。しかし哲学論文や法律条文の解釈などでどうかといえば、それはわからないという気がいたします。

「おしゃべり能力」の本態も不明です。ひとはトピックのおもしろさにひかれておしゃべりに熱中しますが、また、好きな相手とのつき合いが楽しくて熱中します。前の場合は「ものごと」に熱中しているのであり、後の場合は「ひととのつき合い」に熱中しているのです。もし女性がおしゃべりであるとしても、言語能力と社交性とがはっきり分離できにくい気がいたします。

④の機械マニア、⑤の赤ちゃん好きの点についていえば、子どもたちの好むおもちゃ類を思い出すと比較的納得しやすいのではないでしょうか。どういうわけでしょうか、女の子にミニカーやプラモデル好きはあまりおらず、男の子にネックレスや着せかえ人形好きはあまりいません。幼稚園や小学校の児童画の主題でもこれは同じです。皆本二三江さんによりますと、花やリボンや蝶々は女の子のテーマであり、電車やヒコーキは男の子のテーマであります。秋葉原の電気街でモータやダイオードを物色しているのは男の子ばかりであります。一方、デパートなどでぬいぐるみ人形をながめたり、撫でたりしているのはたいてい女の子としたものであります。

好みの性差は家庭教育や社会一般の期待の反映にすぎないのではなかろうか、と疑ってみることはできます。しかしそれにしてはこうした好みのかたよりはずいぶん早期に見られるようであります。また、女の子でも鉱石ラジオの雑誌を自由に見られ、理科も同じように勉強している今日でも事情が少しも変わらないことの説明は難しいのではないでしょうか。

⑥の創造力の問題は大問題であります。叱られないうちにいい訳をしておきますと、私は女性に創造性がないなどという滅茶苦茶なことをいうのではありません（実は男性にも女性にも、そもそも人間には創造力などないのだ、とならいったことがありますが、詳細については巻末の補足【4】をご覧願うことにして、ここでは深入りしません）。⑥は次のようなことを集約してみただけのことなのです。

洋の東西を問わず、偉大な仕事を残した人物の圧倒的な多数が男性で占められています。たしかに、文学や絵画、数学や物理学などには紫式部、ブロンテ姉妹やサンド、ローランサン、クルコフスカヤやキュリーなど著名な業績の知られるひともいますし、現代ではそうしたひとが増えつつあるようにも思われます。しかし、それらを考えにいれてみても女性の比率はなきに等しいくらい少数であります。思想家や科学者における比率の不均衡は現代でもはなはだしいものがあるといえましょう。哲学者、科学者、数学者などの比率がそうであるのは、その方面が女人禁制だったり、そうではなくても女性進出がヒンシュクをかう傾向があったりしたことと関連しているかもしれません。女性数学者クルコフスカヤはそうした不当な差別の犠牲者であり、今日でもこうした傾向は持続していると見られます。そういう面を考慮することは大切です。しかしながら音楽などはどうでしょうか。音楽が女人禁制だったというのはあまり聞かない話です。むしろ逆でありましょう。音楽はたい

ていた女性のよきたしなみとして奨励されていたのではないでしょうか。現代でも街中の音楽専門学校の生徒数は女子の方が多いのではないでしょうか。この事情は突然のことというよりは、むしろ連綿として続いてきたことだ、と思われます。さらにまた女性が男性に比べて音楽好きが少ないという証拠もなさそうです。こうした事情すべてにもかかわらず音楽の著名な業績において女性の占める比率はやはり少ないように思われます。著名な作曲家というと圧倒的な多数が男性であります。

こうした事情は音楽以外でも変わらないと推測されます。たとえば女性数学者が少ないのを、数学が女性に向けて奨励されることがなく、クルコフスカヤの場合のようにむしろ抑圧されてきたからだと説明するのはあり得る説明です。文化的制約論とよんでみましょう。しかし共学制度と共通カリキュラムの歴史が半世紀以上たっても性差の実態が少しも影響されていないように見えるのはどういうことでしょうか。文化的制約論からは説明されにくいことのように思われます。心理学ではこのような性差の研究がずいぶんたくさんなされてきました。百年有余の歴史があります。どの調査でも数学の一般的能力では男性が優位でありました。これは言語能力で女性が優位であるのと同じくらい一貫しているといえます。ところが近年ではちょっと微妙な結果も報告されるようになってきました。つまり、こうです。学校数学のアチーブメント・テストではいつも女生徒の平均点の方が男生徒の平均値より高いのです。では、これまで知られてきた性差は教育・学習の手厚さを反映するものにすぎなかったとすべきでしょうか。どうもそうはいえないようです。というのは、女子優位なのはアチーブメント・テストに限られていて、学校と無関係な一般的数学能力テストの平均値では百年前と同様に現在でも男子優位が続いているのです。トム・ソーヤーがベッキーより学校の成績が悪かったとしても怪しいことはありません。

しかし、一般的数学能力だと、トムの方がベッキーより（ほんの少しだけですが）上になるらしいのであります。

創造的な活動は男女両性に見られます。芸術的創造でも、科学的創造でも、そのほかどんな創造の能力でも両性に見られます。しかしながら、とびぬけた創造性ということになると、男女とも等しいということはいいにくいのであります。この結論に対立するような証拠はまったくどこにも見当たらないといわなければならないのです。こういうと男であることを嬉しがったり、女であるという立場から悲憤慷慨したりするひとがいますが、それは単純な勘違いというものです。私が問題にしたのは「とびぬけた創造性」であります。私自身はそんなひとではありません。数学者みたいないい方をすれば「定義によって」、たいていのひとはそんなひとではあり得ないのであります。多くのひとは男性か女性ではあり得ても、とびぬけたひとではあり得ません。また、とびぬけているということは異常能力者ということです。だからこういういい方でもよいわけです。女性では男性に比べて異常者が発現しにくい、と。

だいぶん手間どってしまいました。前章で私たちは一様な人間をつくりました。本章では、ここに「男っぽい」と「女っぽい」という二つの個性に分けようとしています。そしていま「女性では男性ほど異常者が出現しない」という結論に到達したところです。これにそって二つの個性を分けるとどうなるでしょうか。

第3節　女性は「ひと」に傾く

女性では異常者の出現率が男性ほどではない、ということは少なくとも二つのことから生じると考えられます。第一は男女の遺伝子の差です。第二は遺伝的な差から生まれる生活パタンの必然的な差です（ほかにもあるかもしれませんが、この二つはたいへん重大です）。

まず第一の点ですが、男女差が遺伝子に規定されて生じることはいうまでもないでしょう。女性はXXという染色体、男性はXYという染色体をもち、これらは性染色体とよばれます。中学の教科書などで教えられたことであります。性染色体はどのようにして男女の差を発生させるのでしょうか。新井康允さんの本で見てみると、染色体（そのなかの遺伝子）が直接に男女をつくり分けるわけではなさそうです。妊娠して六週目頃に生殖腺のもとになる組織ができあがります。この時点では女（XX）のものも男（XY）のものも同じようで区別ができません。ところがXYの方は十六週目頃を中心にして血中にある種のホルモンが急激に増えるそうなのです。それはアンドロゲンというホルモン物質で、この時期の男の胎児は「アンドロゲン・シャワーを浴びる」というように表現されています。女の胎児ではこうしたことは起こらないのだそうです。そしてまさにこの時期より少し前頃（十一週とあります）から、それまで男女見分けのつかなかった生殖腺原基が男女それぞれのものへと発生分化してきます。この分化はアンドロゲンによって支配されているといえるのだそうです（もう一つの物質も関係するようですが、ここでは省略させてもらいます）。こうしたことを証明する実験があります。この時期の女（XX）の胎児にアンドロゲンを与え続けると、生殖腺は男のような形に発生してしまうというのです。

こうした実験の解釈には注意が必要です。女性（XX）の胎児にアンドロゲン・シャワーを浴びせると男性器の形態に発生するということをもって、「性器の発生が環境条件に影響される証明だ」とする記述を見ることがあります。これは怪しげな議論ではないでしょうか。正常な女性の発生過程ではそのシャワーを浴びることはないのですから、アンドロゲン・シャワーという環境をつくりだすはたらきそのことが男性遺伝子（XY）の作用であると考えられるからです。なお、近年では体型や性器のことだけでなく、脳の完成時期も女性が二、三年早いことが指摘され、脳の解剖学的な差もそれに由来するとされています（ゲシュウィンド、久保田競）。体力、知力ともに小学校段階では女子が優位なのであります。また、育児に必要な乳児への愛着や辛抱強さはこうした脳のはたらきであることが想定できます。このような女性的な脳の作用も過大なストレスによる血中のアドレナリン量の増大などによっては失われることがあるかもしれません。むずかる赤ちゃんを投げ捨てる母親がいても、母親らしさの源が遺伝子（XX）の規定によることは疑えません。

さて、もとに戻って、なぜこの時期の男（XY）の胎児だけにアンドロゲン・シャワーが起きるのか、その精密な発生過程の解明はまだ先のことかもしれません。しかしそれがどんなプロセスであろうと、胎児の発生過程が遺伝的なプログラムにより制御されていることは間違いないことでしょう。このプログラムはただ単に胎児期だけではなく、誕生後も作用し続けるものと想定できます。アンドロゲン・シャワーは生後二か月頃をピークにもう一度ふりかかるとされます。これも男の子だけのことです。二か月頃というのは未熟な神経組織が成熟をとげていくたいへん重要な時期であります。脳に男女差があるのももっともなことと、うなずけるように思われます。男女差が遺伝子によって方向づけられているといってよいわけです。

第二の点は少々ややこしい議論が必要になります。女性（XX）という質的な特性はただ生殖腺原基にたどりつくのが最終形態というのではありません。女性はこれにより赤ちゃんを生み哺乳する役目を担うことになるのです。男は赤ちゃんを生むことも、乳を出すこともできません。注意しなければならないことがあります。赤ちゃんを生んで哺乳し、無事に育てていくことはある種の能力を必要とします。赤ちゃんの様子のちょっとした変化に気がつく細心さや赤ちゃんのムズカリに対して（赤ちゃんを放り投げたりせずに）じっとあやし続ける辛抱のよさなどがそれです。これは人間の最高級の知的作業とはいえないのでしょうが、まったく簡単なことでもないでしょう。しかもこのような辛抱強さのいる仕事に少なくとも三年間は拘束されるのです。

育児の仕事に比較して、創造的な仕事とはどういう仕事でしょうか。これは長期間にわたってエネルギーの極度の集中を持続することを要するものがふつうです。育児の仕事はいつもただ一つですが、創造の仕事は何でなければならないということはありません。行きあたりばったり何でもいいのですが、何かに対する執拗な興味がともかく持続しなければいけないのです。なんの役にたつのかさっぱりわからないという周囲の非難を受けてもビクともしないような強靭な興味であります。周囲だけではなくて本人もどうかするとそう感じていたりします。それでもやむにやまれぬような興味、これが必要条件です。ここに倦まずたゆまず考え続ける能力が加わらなければなりません。「創造性は社会性と背反の関係にある」という定理が成り立つといってよさそうです。

さて、創造性に恵まれた女性が仮にいるとしましょう。この女性が創造に熱中したら、妊娠や出産、授乳などの母親らしい仕事はたいへん困難なことで、それによって創造を妨げられるか、逆に育児がなおざりになるか、どちらかの危険にさらされることが予想されます。いや、こういうのはたいていい両方の危険が生じるとすべきかもしれません。首尾よく創造的な仕事を達成するような女性の生んだ赤ちゃんが無事に育ちあがる確率は平凡な母親のそれより少し低下するのではないでしょうか。創造的な女性が太古の昔には男性に劣らずたくさんいたかもしれません。そういう女性は平凡な女性に比べて子孫をたくさん残すことに成功しそこなったのではないでしょうか。

こうして創造的な女性は進化の過程で淘汰されます。創造的な男性だって平凡な男性に比べたら淘汰されるかもしれません。女性はもっと内在的な理由でそうなりやすいのです。そのかわりに、女性は赤ちゃんへの忍耐強い付き合いの能力を向上させてきました。以上の思考実験からすると、女性のXXおよび男性と区別のない染色体上の「創造性」にかかわり得る遺伝子はしだいに淘汰されていったと思われます。創造性に関係する遺伝子群は主に劣勢遺伝子の群であるかもしれません。あるいはまた、男性（XY）のY染色体に集約的に配置されている、ということなのかもしれません。狂気を連想させるような創造性は戦闘好きの攻撃性や色盲などという表現型と似たような遺伝機構に基づいているということが想定されるのであります。

もし無条件的な「ひととの付き合い」への動機、いわば無条件的な「ひとへのやさしさ」を比較するとすれば、女性の方が男性より優位にあって不思議ではないということになります。この予想は私たちの常識と一致するところがあるのではないでしょうか。対人的なやわらかさはいうまでもなく攻撃性と対立する概念です。攻撃性については女性が男性より優位であるとするデータは知られておりません。

こうして異常な創造性が女性に出現しにくいのは、進化論的な理由がある、ということが想定されます。逆のこともいえます。ある程度の注意力、とっさの判断力などが欠けている女性も子孫を残すことができにくかったはずであります。異常に低い能力の出現率も女性では男性より小さいわけです。もちろんとびぬけて高い能力を持つひとが女性では絶無だというのではありません。キューリーやクルコフスカヤはまさにそのような例です。クルコフスカヤの場合は、自殺したと伝えられるその夫もたしか科学者だったと思いますが、自殺の原因は彼女への劣等感だったという推測もあるくらいです。そういう女性が絶無とはいえないゆえんです。私はただ「とびぬけて異常なケース」が女性には少ない理由があるというのであります。

三つの能力としてAとBとCを仮定し、その人類全体における能力分布を思い描いてみましょう（図3－2）。どの能力でも右端の方は天才的に高い能力を意味します。左端の方は逆に天才的に低い能力を意味します。カーブは人数の多さを比率にして示すものです。Aでは男女とも平均値に差がありません。ただし極端なひとが女性の方で少ないのが見てとれます。難しいいい方をすると、女性の方が分散が小さいのであります。Bでは女性の方が平均値が高くなっており、Cではその反対です。しかしBでもCでもやはり分散は女性の方が小さくなっています。これらの分布は私がこれまでの思考実験を表現するためにつくったものです。この図をもとに男女差をまとめてみたいと思います。

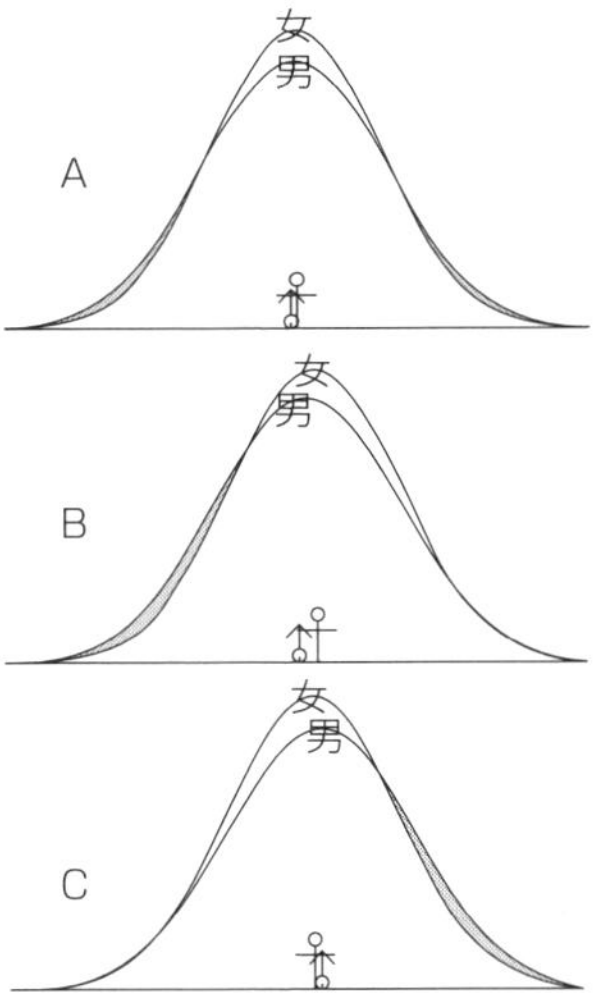

図3－2　能力分布の男女差

女性は男性に比べてひと当たりがやわらかいという印象を与えます。これは一般に承認されることではないでしょうか。私たちのこうした印象はどこから生じているのでしょうか。とげとげしい感じの女性がいないわけではありません。それにもかかわらず、女性は男性より柔和だとかやさしいとかの定評が生まれています。おそらくこれは統計的な直観の作用だと思われます。パチンコ好きのひとは「あの店はよく出る」などといいます。釣りマニアは「このあたりが（釣れる）ポイントだ」などといいます。実際にはその店でもオケラになったり、そのポイントでも一尾も釣れなかったりしたことがあっても、そういいます。たまにギスギスした感じの女性に出会っても私たちの「女性はやわらかい」という印象は変わらないのです。人間のこういう統計的な直観はなかなか馬鹿にできないと思います。人類はこの直観で何かを求め、探索し、成功し、存続してきたのですから。平均的に見ると男女の能力にはわずかの差がないではありません。しかし女性間では男性間に比べて個人差が極端に大きくはなりにくい傾向があります。これは、女性の方が何事においても極端に走ることが少ない、ということです。女性の印象は男性よりも安定しています。極端で驚かされるような、異様な印象は女性からは受けにくいのです。

男女の差を総括してみます。前章では、ひとの生活世界が「ひと」と「もの」からなっている、としました。あらかじめ「もの」への傾きがやや強められている個性と、逆に、「ひと」への傾きが強められている個性とが区別されます。これを男性性と女性性とするのは悪くないのではないでしょうか。プラモデルが一歩すすんだことになります。

このような理解の仕方を構成的な理解とよぶことができます。丹念な事実の収集によって理解しようとする実験心理学の行き方を分析的な理解とよびます。構成的な理解はその対極に位置づけられます。これについてもっと詳しく知りたいひとのためには巻末の文献5が推薦できます。哲学者の土屋賢二さん（「笑い」で有名なあの哲学者です）が「こんなに難しいことをこんな風にわかりやすく書けるものか、いたく感銘を受けた」と感想を述べたものでした（念のためですが、これは彼のまじめな感想だったと思います）。通常の性格心理学の本は概してウェットでソフトなお話がどっさり盛り込まれていますす。巻末の文献5はわかりやすい本なのですが、対照的に、ドライでハードな知識がこってりと盛り込まれています。

第4章 子ども――生きているひと

第1節 発達による差

前章では女性性を「ひと」への傾きがやや強いことと把握することにしました。第1章では「ひと（H）」の要素と「もの（N）」の要素に重みをつけて［H＝70％、N＝30％］のようなひとを「集うひと」としたのでした。すると女性性は「集うひと」と同じようなことになります。女性はまるで井戸端会議の専門家みたいなものになるわけです（井戸など近頃は存在しないので、言葉を換えて、「お砂場」会議の専門家とした方がよさそうですが）。これでは少々まずいといわなければなりません。女性性を「集うひと」と同じ定義のまま放置すると、男性成人の「集うひと」型の個性は「女性っぽいひと」ということになります。もし区別がつくなら区別した方がよいのではないでしょうか。実際にも「集い合う集団の定型性」というような基準により区別の工夫はつかないこともないのです。しかしここではあまり細かいことに立ち入って煩雑にすることを避けておきたいと思います。

ところで先ほど「ひと」、「もの」のほかに「自分自身」という要素を持ち込んだところでした。せっかくですから、個性の表示にもこれを取り込みます。世界の要素に「自分自身（S）」を加えて、「ひと（H）」、「もの（N）」と一緒に表示します。［S＝40％、H＝30％、N＝30％］というのは、自分、他人、ものの三つにバランスよく重みが配当されたひとの表現である、という具合にするのです。このように表現規則を約束したうえで本章のテーマに入りましょう。

「生きている子ども」と「死を避ける大人」というのは発達の始点と終点を示しています。子どもは何かおもしろいことを探していつもキョロキョロしていますから、足元はどうしてもおろそかになりがちであります。注意がほかの子どもや「もの」に向いていて自分自身の内部に向くということは滅多にないと考えられます。大人にむやみやたらと褒められたりすると、得意そうにしたり恥ずかしがったりします。叱られたりすると、「あ、ソーナンダ」という顔つきで神妙にしたりします。こんなときは子どもといえども反省もすると思われます。こういう子どもを表現すれば［S＝10％、H＝45％、N＝45％］というところでしょうか。

好きでしていることを叱られても、幼いうちはほとんど効果がありません。きたないものを口に入れて叱られるとします。子どもはなめたいからなめたのです。雷を落とされてキョトンとします。すぐ別の何かに気がうつります。これが幼児のあり方です。「自分はいまなめたいものをなめているノデアル」などと反省する幼児はあまりいないのではないでしょうか。

幼児の指しゃぶりをめぐる親子の交渉は、およそ子どもを育てるどの家庭でも見られることであります。ネゴシエーションとしては親の側が一方的に不利です。なぜなら子どもの行動は「好きなことをする」ということなので、どこかの半島北部の有名な独裁者とそっくりなのです。親の方は指が変形したり乳歯が出っぱってきたりしかねませんので、「死の危険を回避する」という行動原理にしたがって、なんとかこれをやめさせようとあの手この手をくり出します。猛烈に叱ったりすれば子どもは口を開いておしゃぶりするのをやめたりします。ビックリしてやめたのであって、反省したのではないところが問題なのです。驚きからさめればまたしゃぶり始めます。行動心理学の一般的な原理ですが、Xという行動を制止するのに叱る（罰）というのはよい技法ではありません。最善の技法はといえば、それはXと両立しない行動Yを行なうように仕向けることであります。たとえば、おもしろいものを手渡してやるのは有効で、もちろん手は口から離れることになります。しかし馴化（ハビチュエーション）ということがありますから、ちょっと目を離して戻ってみたらまたしゃぶっているということもあります（北朝鮮の有名なひとの場合も「お米」だけではだめで、「重油」、「ドル」、「美人マジシャン」、「テポドン」、「原子爆弾」などが必要なのでしたが）。幼児の場合も手渡すものが次々とくり出されなければならないので、どうしても親の側が不利になるのです。ひとによってはノイローゼ気味になったりします。

　大人のアルコール中毒みたいに執拗であります。違うのは幼稚園などを終える頃までには放っておいてもしゃぶらなくなるという点です。親のノイローゼは長くは続きません。子どもの関心が広がると子ども自身がやめてしまいます。親の方も開放されて、次の心配へと移行していくのです。小学校に行く頃の子どもは世界が広がっていくとともに、自分の指という「もの」ではなくて、自分自身を反省する習慣が多少とも芽ばえてきているとみなされます。つまり、「S＝20％、H＝40％、N＝40％」になるわけです。

　この頃まではどの子も似たようなものに興味を持ち、興味という点で個性の分化はさほど見られない

といってよさそうであります。ただ一つ、男の子と女の子の趣味はもっと早くから分化しています。これについては前章で述べました。趣味のかたよりや凝り性は幼児でも見られますが、大人になるまで続く例はなきに等しいほどまれであると思われます。こうした例はほかにもあり、子どもに特有の活動クラスを形成します。たとえば「お絵かき」などの活動もそれです。絵をかくということは児童期、少年期を通じて発達を続け、十二歳くらいで成人と同様な透視画法のスキルに到達します。不思議なことですが、それ以降は絵をかくということへの興味はたいていのひとにおいて急速に衰えていきます。さまざまな習い事でもこういう現象が起きます。しかしながら、小学校高学年から中学にかけて新たな趣味の分化が起こります。典型的なのは男の子の一部にラジオやモータ付きの機械制作に凝るものが生まれることです。このひとたち向けの雑誌が何種類もあることは、このような趣味が一定の比率で年々歳々くり返し再生産されていることの証明です。

このひとたちは「もの」の世界のなかに奥行きの深い安住の地を見いだしたラッキーなひとたちなのですが、周囲の大人たちにとってはしばしば厄介な子どもともなります。親によってはあまりに時間かまわず没頭するので、指しゃぶりに似た「ものしゃぶり」みたいな印象を生むからです。私はこういうひとを何人も知っていますが、みんな職人や技術者、科学研究者や数学者になっていきます。この「ものしゃぶり」は指しゃぶりと対照的に年齢を重ねるにつれ深まりこそすれ、やむことはまずないとしたものです。

中学から高校にかけては、いわゆる青年期にさしかかるところであります。この時期、ひとの個性がおおよそ固まります。個性のおおまかな区分は二つのことで決まると思われます。一つは自分自身への

重みづけの違いです。例を示しますと、
[S＝30％、H＝35％、N＝35％]　やや未成熟な個性
[S＝40％、H＝30％、N＝30％]　ふつうの個性
[S＝50％、H＝25％、N＝25％]　自己意識過剰の個性
もう一つは「ひと」と「もの」との重みのバランスです。例示しますと、
[S＝40％、H＝40％、N＝20％]　集い合うひと
[S＝40％、H＝30％、N＝30％]　ふつうのバランスよい個性
[S＝40％、H＝20％、N＝40％]　引きこもり型の個性

子どもから大人への発達の大事な一面は、しだいに内省能力がついていくということです。世界の三要素のうちの「自分自身」の重みの変化ということになります。このとらえ方は単純すぎるでしょうか。たぶん単純すぎるのだろうと私も思います。しかし前にもいいましたが、精密を期して複雑化のあまり、なんだかわからなくなるくらいなら、単純の方がよいと思うのです。

心理学では「自我」とか「自己概念」とか難しいことがいわれます。ここではただ単にこころの世界で自分自身のイメージという要素がどのくらい重みをもっているか、この点だけを問題にしています。自分のことを反省したり、鏡のなかの自分をうっとり眺めたり、喝采をあびた思い出にふけったり、そうしたことが生活のなかでどの程度の重みを持っているかということです。近頃では自分の写っているビデオや携帯電話のピクチャーを眺めるということなどもあります。

自分自身の重みが発達を通じてしだいに増していくというのが本章の主旨であります。あたりまえの

ことであります。アルバムなどを引っぱり出して、ためつすがめつページをひっくり返す幼児の姿はあまりぞっとしません。それはやはりある年齢以上のひとのすることなのです。

「自我」という心理学用語はフロイトやエリクソンといった名高い心理学者と密接な結び付きのある言葉です。「幼児期には自我は未分化である」などと書かれたテキストが多いようです。私は本当のところどうなのかおぼつかないので、そういういい方は避けたい気がします。生まれたばかりの赤ちゃんが「私の人生がいまここにこうして始まる」などと反省するはずはないと思います。けれども「自分は果たして自分なのか他人なのかどっちなのだろう」とわからないでいるようにも思えません。これは結局のところ赤ちゃんに尋ねてみないとわからないことです。

もし自我ということがゼロ歳では未分化で、三歳では分化しているとするならば、いったいどの年齢で分化したのでしょうか。二歳のある日のオヤツの時間に突如分化して、「ア、私はこういうものなのだ」と悟る、などということはあるものでしょうか。そうは考えにくいです。では徐々に分化していくのでしょうか。その場合の「徐々に」とはどういうことなのでしょう。こんな疑問が解決できないと責任をもっていいにくくなってまいります。あたかも神秘的なもののように思われてしまうのです。

「自分」とは何でしょうか。それはほかでもない、生活履歴の記憶なのです。誰でも、小学校でこれこれの体験をした、という記憶をいくつかは持っています。中学、高校、さらにそれ以降についてもいろいろな記憶を持っていて、折にふれ思い出します。そのような記憶をはなれて自分が定義できるでしょうか。「自己自身」とか「自我」とかの言葉の内実は自分の生活履歴を記憶していること、そのことであるといってよいのではないでしょうか。そう考えると神秘性は解消されます。私たちは生活履歴のすべてを記憶しているわけではありません。どのようにして記憶されるものが選ばれるのでしょうか。あるいは逆でもよいわけです。どのようにして消滅していく体験が選ばれるのでしょうか。たいていのひとは「昨日の昼食が何だったか」思い出せます（エピソードの記憶）。しかし二週間前の火曜日の昼食は（特別な事情があれば別ですが）思い出せません。なぜ今日思い出せるのに、来週は忘れてしまうのでしょうか。イギリスの認知心理学者でナイサーというひとが記憶をめぐる心理学者の研究に痛烈な批判を加えたのが四十年ほど前のことでした。以来、認知心理学的な記憶研究の流れは矯正されつつあって、臨床心理学でいう「自我」とか「自己」とかに迫りつつあります。神秘主義は少しずつ遠ざかっていくのです。

現代の心理学は二つの流れのはり合わせのような構造を持っていると思われます。基礎心理学、認知心理学、実験心理学などとよばれる流れが一つ、それに臨床心理学とよばれる流れがもう一つです。「生活履歴の記憶」は認知心理学では「エピソード記憶」といわれます。特に上に述べたような長期間にわたって残り続ける記憶は、もっと特殊化して、「自伝的記憶」などとよんでいます。これは臨床心理学でいう「自我」という言葉にちょうど対応していると思われます。二つの流れは相互に離反しているかに見えて、その実同じ位置に立っているといえそうです。ふたりはそれと気づかずに同じ位置で背中合わせで立っているのです。

まとめておきましょう。幼児、少年、青年、大人はそれぞれの世界を異にします。その差は生活世界における「自分自身」要素の重みの差として理解できるのです（記憶の問題にもっと深く立ち入りたいひとは私のホームページ（http://www10.ocn.ne.jp/~mlas）にアクセスされることをお勧めいたします）。

第2節　引きこもり型の予備軍

子どもの世界では「自分自身」の重みは小さなものです。くり返しですが、自分の顔立ちを鏡の中でシゲシゲ研究したり、アルバムを打ち眺めたりするのは子どもにはないことです。もっとも、子どもでも日記は書きます。むしろ子どもの方が日記かきは多いでしょう。だからといって子どもが内省的であるとはいえません。子どもの日記といえばたいていは次のようなものです。

「きょうお兄ちゃんと公園でサッカーをした。おもしろかった。」

「きょうお父さんと動物園へいった。おもしろかった。」

「きょうおばあちゃんのはがきをポストにいれてきてあげた。おばあちゃんがごほうびと言っておこづかいをくれた。うれしかった。」

叱られたとか、ほめられたとかのことは書かれます。嬉しいとか、悲しいなどとも書かれましょう。次のような文章は子どもの日記にはまず出てきません。

「はがきをポストにいれてきてあげた。おばあちゃんがごほうびといっておこづかいをくれた。おばあちゃんが喜ぶとボクもうれしい。おこづかいをもらわなくてもうれしい。でもおこづかいをもらうともっとうれしい。いやちがうかな。ほんとはどっちがうれしいのかナ。」

子どもは自分自身の内面のことにかまっていられないほど、「ひと」や「もの」と忙しく付き合っているのであります。日記をかくのは、自分をふり返るためではありません。自分の履歴をそこに記録するためでもありません。親や先生がそうするようにすすめるからです。

こうすると気になる問題が出てまいります。第1章で述べた「子どもっぽいひと」と子どもそのものとの関係であります。これは「集うひと」と女性性の関係と同じ問題であります。もし区別しようとするなら、両者の「自我」（つまり、体験履歴）の違いに着目することになりましょう。しかし女性性の場合と同じ理由で、これ以上細部に立ち入らないことにしたいと思います。もっと重要なことがあると思うからです。

あるひとの個性を知るということは、そのひとの世界を知るということにほかなりません。私たちは初めに、個々の人びとの世界がどのように成り立っているかを考えました。そして「自分自身」、「ひと」、「もの」の三つの要素で世界を構成しました。この成り立ち方はすべてのひとに共通していました。［S＝x%、H＝y%、N＝z%、ただし、x＋y＋z＝100］という普遍的な構成なのです。

次に男性性と女性性を分けました。さらにいま子どもと大人とが分化されました。このようにして構成された四種類の個性はみな普遍的な個性であります。だから、この個性はみな生物学的な理由があって生まれたことであります。簡単にいえば遺伝的にプログラムされて生まれる個性です。ひとが次の世代を産出できるのも、次の世代がやはりひとであってウマやライオンでないのも、どのひとを見ても子どもから出発して大人になっていくのも、みな遺伝子にプログラムされていることに違いありません。

個性に対する私たちの興味はたいてい身のまわりの知人などと自分を比較することから生まれてきます。「あんなひとになりたい、こんなふうにはなりたくない、どうしたらこうなるか」というのが出発点であります。時には小説の主人公なども出発点（むしろゴール点ですか）になっていたりします。私たちの興味は特殊で具体的なイメージなのです。ところが、これまで構成されたものはみな一般的で、普遍的なもの、しかも、わかりやすいけれど単純なものです。おまけに遺伝的で変わり得ないものばかりです。これでは個性の研究としては不満に思われるかもしれません。

身についた習性の底に何か自然的な傾向がないことはない、といったのはフランスのベルクソンという哲学者でした。そうだとすると遺伝的な本性を解明するのは人間を知るための最善の方法なのかもしれません。本書では、さまざまな個性を順に構成する行き方をとっています。どこまで構成できるか、あわてることなくすすんでいきたいと思います。これまでのところでは、次のような個性が分化されています。これは個性ということの基本的な鋳型、モデルなのであります。モデルだということは私たちの一人ひとりが必ずこのどれかにいくらか当てはまるということです。

①子ども［S＝10%、H＝45%、N＝45%］　大人［S＝40%、H＝30%、N＝30%］

②女性［S＝40%、H＝40%、N＝20%］　男性［S＝40%、H＝30%、N＝30%］

あらゆるひとの個性がこれだけで知りつくされるわけではありません。すべてのひとがこのどれかにピッタリ当てはまるというわけにもいきません。大事なのはこれだけでも私たち一人ひとりが一番近いのはどれか、一番遠いのはどれか選べるということです。さらに、数値の配合を替えたりすると、いくつかの分類ができるのも悪くないのではないでしょうか。

③少年［S＝20%、H＝35%、N＝45%］　少女［S＝25%、H＝40%、N＝35%］

小学校高学年頃の女子は自分の顔かたちなどに気を配るようになりかけています。初潮などの時期に近づいています。少年たちにチョロチョロしたヒゲが生え出すのは今も昔も同じです。ただ、少しばかり女性の成長の方が先です。

十一歳から十四、五歳頃までに、一部の個性のはっきりした分岐が生まれます。私はすでに、モータや発光ダイオードなどを求めて秋葉原をウロウロしている少年たちについて述べました。このような子どもたちの周囲には大人の苦笑や賛嘆などがあるものです。子どもは凝り性であると見られています。大人には子どもを重宝がるひともいます。家電製品の故障などをタダで修理してくれたりするからです。そのような大人の評価と無関係に、子どもの生活世界には一つの変化が生まれています。その子どもは電子工作という「もの」の世界で何時間でもただ一人で過ごすようになるのです。これは次のように、重要で決定的な変化です。

［S＝20％、H＝35％、N＝45％］→［S＝20％、H＝30％、N＝50％］

この子どもはほかに先がけて自分だけの安住の世界を見つけました。これはまわりのひとと無関係で、いわば入り口のせまい世界です。そこから入った子どもは、「狭き門に力を尽くして入った」わけではなく、そこに入りこんだ自覚すらありません。しかし狭い門に入り込んだ子どもはたいていそこから二度と戻れません。その世界は奥にいくにつれ、広がりを増し、深い世界になっていくからです。ここにはどんな子でも入れるわけではありません。親が秋葉原に連れて行けばそうなるわけではないのです。そうではなくて、ある種の子どもは親がハラハラして引きとめようとしても、そこから入ってしまうのです。子どもはしばしば親の目を盗んではこの世界の深みにどんどんはまっていってしまいます。

この子どもは「引きこもり」予備軍です。子どもは「ひととの付き合い」の世界からすでに引きこもってしまっているのです。この世界の奥行きの深さは私などにはわかりません。入ったひとでないとわからないのです。たったいま入った子どもにもそれはわからないというべきでしょう。奥の方には精密工作、職人芸、数学や計算可能性などの宝物が子どものやってくるのを待っていてくれるのです。

第3節　素質と環境

秋葉原電気街にのみ込まれる「引きこもり」予備軍の特徴はこうまとめられます。

①親がしむければどの子でもそうなるわけではない。

②そうなる子どもを親が抑えようとしても抑えられない。

つまり、ある種の子どもに限ってそうなるようになっているのです。これは子どもの素質ということなのでありましょう。素質と同時にもう一つの要因があります。秋葉原なり、あるいはもっと小規模でもラジコン・ショップなりがなければなりません。

③秋葉原がなければこの子どもたちも工作人にはなれない。

④秋葉原があると工作人はできあがる。

⑤秋葉原があるとどんな子でも工作人になるわけではない（秋葉原生まれの子がみんな工作人になるとしたらオカシイ）。

こういう素質は太古の人類にもあったのでしょうが、その頃の子どもはモータなどを買うことはできなかったはずです。その時代の子どもはその時代らしい工作人になったのでしょう。少し昔なら、カラクリを作ったり、飾り職人や指物師になったのではないでしょうか。

環境は重要です。その重要さは必要なことの一つという意味であり、それ以上でもそれ以下でもありません。有名な言語学者のチョムスキーがこういうたとえを述べていたのを思い出します。

「花は水をやらなければ開花しない。しかし花が開くのは水から学習してのことではない。なぜなら、同じ水を与えられて、樹木は樹木となるからである。」

久野雅樹さんから教えられたのですが、俵万智さんの次の歌はどうでしょう。

「親は子を　育ててきた　というけれど　勝手に赤い　畑のトマト」

電子工作の引きこもり予備軍は、ある選ばれた素質の子どもが水を得てなるものです。水びたしにすると、どんな子でもそうなるというわけではないのであります。

この時期（十一歳から十五歳）に分岐する個性はもちろんこれだけではありません。茶目っ気とおふざけの才能、絵やマンガの才能、音楽への傾倒、囲碁や将棋、サッカーや野球、そのほかのさまざまな方面で能力の分化が生じます。女の子なら刺繍やデザインなども追加されましょう。しかしこれらもみんな選ばれた子どもたちの話であります。あるいはこうもいえましょうか。これはあくまで、とびぬけた（異常な）子どもたちの話なのです。多くの子どもたちはそんなに自分の行く末を限局することなく成長を続けます。

電子工作の、奥行きは深いけれども閉塞した世界に没頭する子どもたちにとって環境がある意味を担っているように、どの子どもたちにとっても環境は大切です。囲碁・将棋やサッカー・野球を楽しむ多くのファンがいなければ、この子どもたちの素質は日の目をみなかったはずです。楽しむひとたちがあって、野球や将棋のクラブがあるわけであります。

クラブがあれば、そこにはたいてい誰でも入れます。クラブに入った子どもたちは「まじめに練習し、努力しなければ上達しない」といわれます。そのようにやっていけない子どもがこういうのを聞いたことがあります。「努力できるのは能力なんだよナ。ボクにはそれがないんだよナ」、と。努力すまいと思う子どもはたぶん一人もいないのではないでしょうか。しかしこの子どもの嘆きは多くの子どもに共感できることなのです。この子どもは圧倒的多数の子どもの代弁をしているのです。こうした子どもは異常ではないということになるわけです。

環境の大切さはこうした子どもの場合も電子工作児童の場合も同じです。異常にとびぬけた子どもにとっても、ちょっととびぬけた子どもにとっても、とびぬけていない多数の子どもにとっても、環境は素質が日の目をみる場を提供します。それ以上でもそれ以下でもありません。

心理学では「**環境いき値説**」などといいます。たとえていえば、ある能力が開花するのにはある程度の水分、たとえばコップ一杯分の水が必要であり、またそれで十分だ、という考え方であります。いき値以下だと、せっかくの素質が開花しそこなうというのがポイントです。そしてボタンの花をもっと大輪にしようとして水びたしにしても希望のようにはいかないというわけです。プロの碁打ちには四、五歳頃から碁をならったというようなひとが多いようです。そこで碁の好きな親のなかには、自分の子どもが四、五歳の頃に碁を教えようとするひとが結構います。そのなかから首尾よくプロの碁打ちになったひとが今も昔も変わりなくたくさんいます。プロの碁打ちにそういうひとが多いということは、四、五歳から勉強したひとがプロの碁打ちになりやすいということではありません。

能力の開花のために必要十分な環境条件のことをジェンセンという心理学者が「いき値」とよびました。もともとこれは園芸家や生物学の常識であります（リービッヒの法則とかいうのでした）。

そういうことなら個々の能力についての「いき値」を知りたいという気がしてきます。残念ですが、どの能力についてもくわしいことはわかっていないといわねばなりません。人間だけはどういうわけか二足歩行します。トカゲやイヌからすると「人間ってスゴイなあ」ということになるでしょうか。これは一つの能力です。たとえばこの能力のいき値は何かというと、それをはっきりいうことはできないのです。まず、適度な重力のある環境が必要です。昔なら思いもおよばないことですが、宇宙時代の今日では必要条件であることが承認されます。いき値を解明しつくすことの難しさの参考になるのではないでしょうか。それに歩いてみせるひとがいた方がよいでしょう（必要かどうかは疑問ですが）。要するによくわかっていないといわざるを得ないのです。日本語（何語でもいいのですが）を話すというのも同様です。ごくふつうの家庭環境は日本語を話す能力が開花するためのいき値を十分に超えていると思われます（だからどの子も話せるわけです）。おそらく、そのほかのたいていの能力について同じことがいえるのではないでしょうか。ふつうの家庭と義務教育の環境を想定すれば九割の子どもの九割の能力についていき値を超えた環境が与えられているといえそうです。

ほぼ誰に対してもいき値を超えた環境のなかに育つ子どもたちから異常にとびぬけた者がわずかながら出てくるということはおもしろいことです。しかしそれだけではありません。多くの正常な子どもたちの間にも、目立たないながらも、素質に応じた差が生まれているのではないか、と疑ってみたくなります。調べていくとその予想が裏書きされます。この方面について最も信用のおける心理学者として私は久保田正人さんをあげたいと思います（残念なことに先年六十歳をわずかに過ぎて逝去されましたが）。その久保田さんは大阪誠さんという幼児教育家の言葉を引用して「問題は二歳半からなのだ」としました。ビアンカ・ザゾというひとがフランスの幼稚園や保育園で行なった調査によってもやはり二歳半という時点が指摘されているようです。知的にも社会的にも、（さらにいえば、先ほど述べた自伝的記憶・自我においても）この頃に自立の第一歩が踏み出されます。そして詳しく見ると第一歩の踏み出し方に個性の芽ばえが区別されるのです。女子は観察的ですが、男子は活動的です。ある子どもは集団生活にすばやく適応し社会的です（集うひと予備軍）。ある子どもはとまどいがちでオズオズしています（引きこもり予備軍の予備軍）。

個性はずいぶん早くから分化し、発達とともにはっきり分岐していくといえそうなのです。環境いき値説は発達心理学では評判がよいとはいえません。しかし私は正常な考え方として受け入れたいと思います。環境を過度に重視し、早期環境の充実などを訴えるのは近年の発達心理学の主要な憶説で、世の親や先生にとって麻薬のようなものではないのでしょうか。それは一過性の興奮と根深い中毒による悪質な後遺症をもたらしかねないところがあります。

第5章　三つの気質

前節では幼児期から少年期にかけて、いくつかの個性がはっきり分化することについて述べました。一部の子どもはせまい入り口をくぐって十代の前半にして早くも「ものを処理する」世界に安住することを知ってしまうのでした。これはこの子どもたちが身に負った宿命であり、いい換えれば、彼らの素質なのであります。彼らはこの一歩により、「ひと」からやや遠ざかり、「もの」へと歩み寄ります。社会的には、いずれは、痛烈な皮肉屋になるか、とぎすまされた理想家になるか、それほどまでいかないまでも、単なる「付き合い下手」になるか、などの運命を引き受けることになります。彼らはそれと意識せずにためらいなくこのような道に踏み込んでいくのです。

前節ではまた、それほど極端ではなくても、多くの少年少女たちにも微妙な個性の分化があることを述べました。前青年期から大人に向けて、こうした個性化がはっきり見えてまいります。本節ではこのことを見ていきます。

第1節　三つのパタン——郵便ポストへのアクセス・モデル——

三人の青年男子の模型（少々マンガっぽいモデルではありますが）を構成することといたします。三人はそれぞれある女性を見初めたものとしましょう。スタンダールの恋愛論でいう第二段階くらいにあるものといたします。恋におちた青年の行動は誰であろうと似たようなものだ、というのはある意味で真実であります。しかし具体的な行動パタンにはたいへんな差がある、というのも真実であります。三人はラブレターを書くような段階にいたりました。

A．彼の部屋のクズかごは書いては捨てる便箋のクズで一杯になります。何日もそれを続けています。とうとう一大決心でラブレターを投函することにしました。うまく気持ちが伝わると思ったわけではなく、だめでもともとだと自分にいいきかせたうえのことであります。深夜なので明日にしようかとも思いましたが、明日になるとまた投函できなくなるような気がして、すぐポストに入れることにします。もうヘロヘロでこれ以上神経を病むにも気力が続かないのです。蛮勇をふるう、というよりは、なかばヤケクソであります。外出して、ポストに向かいます。一歩ごとに不安がこみあげてきます。ヒジ鉄をくらったときの苦痛を想像します。それでも懸命に不安を抑えてポストに向かいます。とうとうポストの前にきましたが、そのとき彼はすでにヒジ鉄をくらうに決まっていると確信するにいたっています。ヒジ鉄をくらうために手紙を出すのは愚かなことだと考えます。どうしてこんな羽目に陥ったのかあきれて、手紙を投函することなくスゴスゴと帰ることになります。

B．彼のクズかごにもやはり書き散らした便箋が一杯に入っています。やがてどこから点検しても満足できるような手紙が完成します。

なお慎重を期して、翌日もう一度点検したうえで投函した方がよかろうと考えます。翌日の点検で部分的な修正点に気がつきました。出さないでよかった、と思います。今度こそは十分よろしいと確認できました。彼はポストに投函しに出かけて投函します。一つのことの半ばをなし遂げた気がします。数日（だか数週だか）のちに彼女の返信が届きます。それが色よい返事なら満足するのですが、そうなるのが当然だという気もします。逆に、ツレナイ返事をもらうとショックを受け、ふさぎこんでしまいます。死んでしまいたいような気分になります。

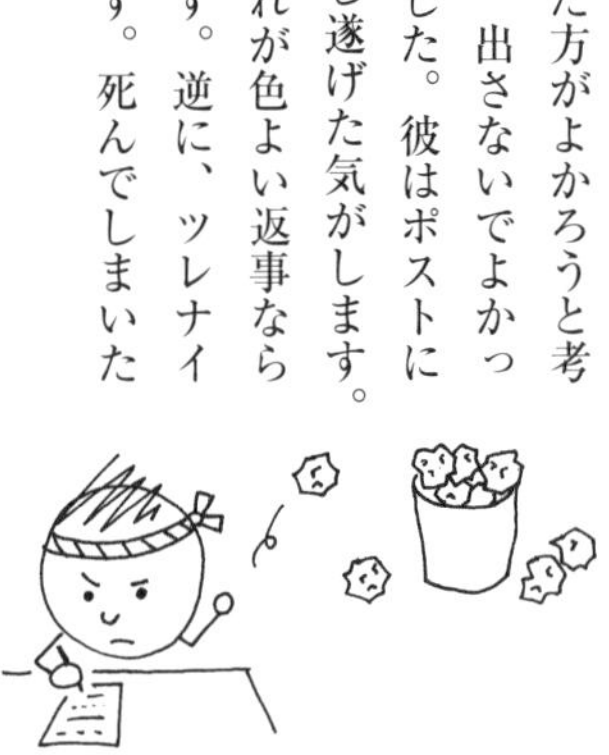

C．クズかごには少しですがやはり便箋のクズが入っています。何度か書き直したのです。手紙ではどうも想いのたけがうまく伝えられないように思われてきます。せめてピッタリした詩でもつくれるとよいのですが、うまくいきません。彼は首を一つ振ると、外出します。彼女に会ってじかに告白してしまおうと思うのです。彼女を呼び出してドギマギしながら率直に打ち明けました。彼女が色よい返事をしてくれる場合、彼は嬉しさのあまり跳びあがりたい気持ちになります。実際、何かのおりに跳びあがったりします。場合によっては（たいていの場合というべきか）、彼女が返事を保留します。その場合彼は返事を待ってジリジリします。待ちきれなくなると返事を催促したりもします。そのため彼女の気分を害してしまうこともあります。あげく、痛烈なヒジ鉄をくらったりすると、彼は怒り心頭に発します。オレがこんなに誠意をつくしているのに、と思うと許せない気がするのです。考えれば考えるほど理不尽に思わ

れます。

このとおりの青年が実在するというのではありません。スタンダールの恋愛型でいえば「情熱的な恋愛」において、恋文を書く青年にありそうな典型的な行動模型をつくってみたのです（断っておいたように、少々マンガチックに見えるのはご容赦ください）。現代青年の恋愛観をスタンダールのそれと同列に論じるのは問題かもしれません。たとえば「あまりにも早くカラダで結び付いてしまうと、第二結晶化作用が体験されない」というスタンダールの分析はある種の現代青年には通用しないのでしょう。ロマンチストを自称する佐橋文寿さんがスタンダールの分析は現代女性への警告として意味がある、といっていたのを思い出します。

さて、三つのパタンは模型であります。ショーウィンドーのマネキン人形もひとのからだの模型です。あのとおりのプロポーションのひとを実際見つけるのは難しいことです。あれはいわばひとのからだを理想化した模型、モデルであるわけです。同様に、A、B、Cも行動パタン分類の典型をモデルとして例示するものであります。

この三つは行動パタンとしてまったく別のものではないでしょうか。模型は恋愛初期場面について構成されたものです。場面を別のことに設定した場合にはA、B、C三人のふるまいはどう変わるでしょうか。おそらく似たような対比傾向が区別されるのではないでしょうか。

たとえばサークルの会議のような場面を想定してみます。Cは天衣無縫にふるまいます。どんどん発言し、シャレをいったり、おどけたり、どうかすると周囲をかきまわします。こういうひとだけだったら会議の目的はどこかに消し飛んでしまうかもしれません。Bは対照的に重厚にふるまいます。Cの脱線が度をこすとまゆをひそめるような素振りを示しながら、細かいところまで注意し、会議全体の気息をととのえて調和をはかります。Aは概して何もいいません。苦虫をかみつぶすまではいかないにしても、つまらなそうな顔つきで時計をチラと見たりしています。時どき辛らつな皮肉をとばしてみんなをしらけさせたりします。

恋愛場面と会議場面のA、B、C三人の行動パタンには共通性があります。その共通性のことを心理学では性格とか人格とかよびます。日常語でも同じでしょうか。ひと昔前に若者たちが使い始め、いまでは定着した言葉で三つの模型をいい表してみると、Aはネクラで、Cはネアカです。Bはちょうどその中間ということになります。

性格はどのようにして生まれてくるのでしょうか。心理学では性格の根っこに「気質」というものを想定します。もともとこれは精神医学に端を発した伝統なのです。近年の心理学ではこの伝統がいくぶん廃れてきた観がありますが、精神医学では根強いものがあるようです。三つの性格の根底にある気質について、次節で簡略にまとめることといたします。

第2節　循環質と分裂質

私の本来の専攻領域は認知科学であります。具体的には臨床的知識があまりありません。ここで述べるのは主としてクレッチマーや安永浩、その他の精神医学者に基づくものであります。とりわけ安永浩さんによるところは大きいと自覚します。しかし、われながら少々情けないことを白状しておきますが、安永説というのはとても難解で、自分が正確に理解できているかおぼつかないのであります。一知半解といいましょうか、まさしくこれであります。

以下を読まれると、それならどうしてこんなものが書けるのかいぶかしがられるかもしれません。それはこういうわけであります。私の知人に安永説をわかりやすく説明する達人というべきひとがいます。精神科のドクターで、また、ちょっと度はずれのオペラ愛好家とでもいうべき村木健郎さんです。以下に述べることはこのひとの（数えきれないほどの回数の）茶のみばなしを参考に興味に駆られて安永さんの本を読みながら理解したものなのです。そうはいっても話の責任はあげて私にあることはいうまでもありません。こうした説は出自が誰であろうと、書いたものの理解に責任を帰すべきなのでありますから。

話の都合上、まず二つの気質を比べていくことにいたします。その二つとはクレッチマーが「循環質」、「分裂質」と名づけたものです。これは対照的な気質とされます。念のためくり返しますが、性格は個人の経験に影響された行動傾向を指します。これに対して、ここでいう気質は生物学的なもの、遺伝的なものであります。気質が経験を通して性格に転じると考えることができます。また気質は知能と独立だとされます。どの気質のひとにも天才がいます。その数はどの気質でもごくわずかです。また凡才がいます。どの気質でもこれはどっさりいます。

分裂質と循環質は以下のように対照的です。

【分裂質】	【循環質】
感覚優位型	行動優位型
入力は大きく出力は小さい	入力と出力の均衡がとれている
わかるかわからないかが大切	できるかできないかが大切
内面と外面の差が大きい（表情が乏しい）	内面は外面と一致する（表情に出る）
空想家	現実家
（空想の価値が大きい）	（現実の価値が大きい）
抽象的なことにのめりこむ	具体的データを蓄積する
独創的（非常識的）	平凡（常識的）
対人距離が大きい	対人距離が小さい
傍観者で満足	参加して満足
他者と距離をとる	他者と密着する
（手元に飛びこまれると弱い）	（遠くにいられるとさびしい）
社会やグループに違和感をもつ	社会やグループに一体感をもつ
（囲まれるとおちつけない）	（隅っこでは不満）
消極的行動	積極的行動
嫌いなことを避けようとする	好きなことをやろうとする
一人でやれることがよい	みんなでやれることがよい
ものごとをやらずに後悔する	ものごとをやって後悔する

すぐ気がつくように、分裂質は「引きこもり」に対応しています。循環質は「集うひと」に対応しています。分裂質のひとも一応社会人らしく生活しますが、すでに述べたように、それは努力のたまもの

であり、一生懸命の役割演技なのです。分裂質は参加しながらも孤独です。一方、循環質は社会に根っから同化します。分裂質とは逆で集団から孤立すると孤立感を味わいます。分裂質は孤立するとむしろほっとするおもむきがありますが、循環質では憂うつで惨めな気持ちになります。

分裂質は他人に対して警戒的で簡単には気を許しません。警戒の現れでしょうか、その話しぶりはどもったり、つっかえたり、概してギクシャクしがちです。自意識過剰の気味があり、自分を卑下するというより、意識的なテレ屋であります。あとで転落しないですむように、あらかじめ自分をおとしめる防衛的な態度ともいえます。何ごとでも極端に走りがちになります。過剰防衛的で、このため周囲のひとは当惑します。他人に気を許さないのですが、いったん尊敬すると過大評価してとことんのめり込むことになりがちです。

循環質は常に他人と協調する用意ができています。その話しぶりは淀みなく、話の内容も他人への細心な配慮が行き届いています。滅多やたらに自己卑下して見せるようなことはしません。集団のリーダー役になるといかにもサマになっていて、それをテレる様子もありません。どうかすると、尊大に見られたりするほどです。他人を評価するにあたっても穏当な賞賛と軽蔑をもってします。万事にわたり中庸をいくのです。

それぞれの気質の特徴はこれでつきるわけではありません。よく知られていることと思いますが、クレッチマーはこれらの気質が体型と相関するとしました。循環質はデップリとした社長型の体型と、分裂質は貧相な細長型と関係しているとされたのです。関係している、といっても注意が必要です。いま述べた「デップリした社長型」という言葉自体はよく使われる表現です。この表現自体が（クレッチマーの主張とは独立に）集団のリーダー役にデップリ型が多いという、日常人の統計的直観を反映しています。この直観は相関関係を述べているものです。循環質なら必ずデップリしているというわけではありません。また、ヤセっぽちのひとは必ず分裂質というわけでもありません。クレッチマーは気質の両極に躁うつ病と分裂病★注5とを置いていました。そうした精神病の発病と体型の関係を調べたうえでそのように推測したのでした。データを見てみると、分裂病患者のなかにはたしかに細長型が多いのですが（約50％）、肥満型のひとだって結構います（約14％）。安永説ではクレッチマーのこの部分は継承されていないようです。体型との関係については否定的と見られるのであります。このような見方は近年の人格心理学でも共有されております（巻末文献16）。

★注5……二〇〇二年度に分裂病という病名は統合失調症という呼称に改められることとなりました。分裂質という気質名も「統合失調気質」とすべきなのかもしれませんが、しっくりと合っているとは思われませんので、分裂という名を使用させてもらいます。

気質と体型の関係には例外も多いので、因果関係がないということは確かでしょう。しかしよく考えてみると、気質も脳やホルモン代謝系などの個体特性を反映するものにほかなりません。からだのあらゆる特性が気質と関係しないはずはないと考えてもおかしいことはないわけであります。顔つきや表情の特徴はもとより、骨格や相貌から血液型や手相にいたるまで、どの体質がどの気質とどう関係していても怪しむに足りないというべきでしょう。風変わりなところをいえば、文字を書く際の筆圧があげられます。循環質の運筆はなめらかで、力みが少ないとされます。分裂質の場合はギクシャクした金釘流で、筆圧が高いとされます。シャープペンシルも万年筆も分裂質では長持ちしないということになります。

ついでに述べておきたいと思います。血液型は日本人の日常生活では性格判断のための欠かせないトピックです。一方、心理学ではさまざまな人格テストが開発されてきました。矢田部・ギルフォードテスト（YGテスト）やMMPIなどが最も流布したものといえましょう。血液型性格判断と心理テストによる性格判定との相関関係はどのくらい一致するだろうか、というのは興味ある問題です。大村さんたち心理学の専門家が長年にわたり調査しましたが、結論は「両者の判断の一致度は低い」ということに落ち着いたようです。一般にXとYとの結果に相関がないときの解釈は、①Xの判断が妥当でYの判断は誤りである、②Yの判断が妥当でXの判断は誤りである、③Xの判断もYの判断も誤りである、の三通りあることに留意しましょう。

第3節　中心気質

循環質と分裂質に加えてクレッチマーは「てんかん質」という気質を想定しました。安永説ではこれに替えて「中心気質」を想定します。ただ名称を変更しただけではありません。これが安永説に新たな理論的魅力を生み出すのです。

「てんかん」というのは（クレッチマーの時代と異なり今日では明らかになっているように）行動パタンというよりも、脳の病理的状態を記述するものです。正常なひとの気質の名称にふさわしいとはいえません。安永説は第三の気質の名称を変更するとともに、この気質に新しい解釈を与えて理論の論理的整合性を高めます。三つの気質がファントム距離という考え方によって統一的に区画され、位置づけられるのです。ファントム距離というのは難解な概念ですが、加藤知佳子さんのすぐれた解説（巻末文献13）を参考に要約してみましょう。

気質とは「刺激に対する感受性や反応の強さ・速さ」といった、生まれつきの生理学的反応にかかわる特性のことであります。それは誕生後のあらゆる経験の基盤となるのです（ある赤ん坊はミルクを飲む速度、周期がほかの赤ちゃんと違うし、暑さ寒さなど環境変化への順応の速さが違う、などといった具合です）。赤ちゃんはミルクが熱すぎるからといって冷まして飲むことができないし、母親が多忙だからといって空腹をがまんすることもできません。赤ちゃんの要求は個々の赤ちゃんに特有のリズムで「いま、ここで」具体的に実現されなければならないのです。大人は周囲の状況に合わせて自分の行動を調整します。要求があっても先延ばししたり、少しがまんしたりします。しかしこの調整可能性の根底には生まれついての気質が横たわっていて、その気質の違いが反映されると見られます。赤ちゃんと違って大人は「そのうち渇くノド」のために水分を求めたり、「もしかすると生じるかもしれない他者の怒り」を恐れて距離をとったりします。こうした「死からの合い間」のことをファントム距離とよんでいる、というのが一つの解釈であります。分裂気質は強い刺激に弱く、来るかもしれない危害をすばやく予感し、ファントム距離が長く、何ごとにつけ「合い間を大きくとる」ひとです。中心気質はその対極にあり、ファントム距離が大人になっても子どものように小さく、概して現実に即して行動するひとです。循環気質はその中間に位置します。

巻末の文献13では、解説の付録として対照的な気質の二人の女性の間で起きた論争的な往復書簡が公開されています。おもしろがるひとがあり、恐ろしがるひとがあるのですが、いずれにせよ一読三嘆せざるを得ない貴重な資料といえましょう。

中心気質のひとの特徴は一言でいうと「子ども」なのです。からだは成熟しても、トッチャン坊やでありますす。感覚優位とか行動優位とかの一貫した特徴は指摘できません。生活ぶりも一貫しません。その時どきの快や不快に動かされ、気まぐれです。

空想家か現実家かといえば、どちらでもないといわねばなりません。万事にわたって子どものような自然さが感じられます。中心気質のひとは現実から逃避したりいたしません。そうかといってまた、空想しないということでもありません。本物の子どものことを考えてみるとよくわかります。子どもは現実に密着して生きています。また、空想の世界も大好きであります。子どもは現実も空想も差別なく、そのなかで素直に生きているのではないでしょうか。中心気質のひともこのように素直であります。分裂質のようなわざとらしい演技や循環質のような神経をすりへらす気配りなどありません。

上述のように対人距離は最も短いといえます。距離などないといってもよいくらいです。電車の中などで誰かれかまわず隣り合ったひとに話しかけるひとがいます。映画でいえばフーテンの寅さんがそうでありましょう。囲碁や将棋の天才にもこうしたひとがいます。武宮正樹元本因坊は、本因坊以外にも、名人や十段のタイトルをとったことがあり、二十世紀後半を代表する天才プロ棋士です。誰にも真似できない武宮さんの独特の碁は宇宙流として広く愛されておりますが、（下手の横好きである）私の印象でその碁を形容すると「トロイメライ」とよびたいような碁であります。わけて特筆すべきは富士通杯という世界選手権のタイトルを連続して獲得したことでしょうか。何を言っても憎まれないようなひとでしたが、タイトル戦の前夜祭などで記者に抱負を求められて、「私とやるひとは気の毒だ」などというようなことを語って平然としています。どうも本当に気の毒がっているようなのです。その戦いで簡単に負けたりすることがあります。そのあとで「あのタイトルはボクには似合わないヨ」などといってすましています。勝てば勝ったで気分爽快、「ね、そうだったでしょ」ということになります。

中心気質の行動パタンは快と不快を軸にエネルギーを発散させることで、基調は興奮ということにあります。NHKの日曜昼どきの「ノド自慢大会」で老若男女のメンメンが三列などの隊列を組んで、手拍子を打ちながらニコニコと歩調をそろえて舞台を歩く場面を思い出してください。あのなかの大きな部分が中心気質で占められていることは確かです。要するに、一年中お祭りのようであります。もう説明はいらないと思います。この気質は「子どもっぽいひと」に対応しています。ウルトラマンに熱中する男の子、ネックレスに見とれる女の子、おもちゃ屋の前でピカチューを欲しがり目をペケにしてなきわめく子、母親にぶら下がり引きずられる子、この子どもたちの傾向が大人になってもなお残っているわけです。中心気質の大人は子どもっぽいとはいっても、子どもそのものではありません。この気質では、しばしばギャンブル癖やアルコール中毒が生じるとされます。ギャンブルなどにイレあげてサラ金などに追いかけられるのも、目前の快に飛びついて先のことまで考えないからなのであります。引用するのにちょっとためらいがある例ですが、たしかキム・ジョンナンとかいう隣国の紳士が日本へ前触れもビザもなしに違法入国して送り返される（送り返さなければよかったのにと思うかもしれませんが）、という政治的事件が数年前にありました。どういうわけで違法入国などしたのかといえば、何でも「ディ

ズニーランドへ行きたかったのだ」、というようなことでした。これは中心気質を絵に描いたような見本と思われます。

三つの気質にはそれぞれに強味と弱味があることになります。難解なものではありますが、安永さんの原著から少し引用しておきましょう。

【分裂質について】……「一般の生身の人間はそれぞれ主体性をもっているだけに（それがまたわかるだけに）予測しにくい存在であり、彼としては大事な仲間でないわけではないが、対応に疲れる存在である。従って彼としてはもっと安全で、少なくとも積極的害意がなく、法則さえのみこめば予測しやすい自然、物質への親和性をもつ。物質相手で何がおもしろいか、と他の気質なら考える。ところが彼は表象能力によって、人間的なものを物質に投影することができるのである。（中略）（この気質のひとは）空気もないような宇宙空間に遊ぶ趣がある」。

【循環気質について】……「他人からは恐れよりも遊び相手、働き仲間としての満足を期待し、実際それをかち得ることが多い。逆に弱味があるとすればそこであって、強いられた孤独や文化の根本的激変に弱い傾きがあることはすでによく言われている。（中略）（この気質のひとは）まさに地上の住人である」。

【中心気質について】……「動きのために動きを楽しみ、くたびれれば幸福に眠る。（中略）明日のことは思い煩わない。昨日のことも眼中にはない。（中略）よい意味でも悪い意味でも子どもである」。

同じ仕事をしても気質が違えば仕事の性質も変わります。政治家や思想家でいうと、分裂質のひとは概して理想主義に走ることになります。ちなみにいえば、病蹟学的にはロベスピエールやビスマルク、カルビンやサボナローラがそうだとされています。日本では上杉謙信、佐久間象山などでしょうか。循環質ではマルチン・ルーテルやミラボーなどがそうだとされます。日本では徳川家康が該当しそうです。対人反応性の強いタイプという点では、フロイトなどをあげることができそうです。典型的な循環質は、折衝にたけた変わり身の早いひとでありましょう。行政職の中枢部（自民党や官僚）などにたくさんいそうであります。中心気質はあまり政治家向きではないように思われます。スケールの小さなひとは循環気質の政治家のカバン持ちというところでしょうか。しかしシーザー、ナポレオン、日本では織田信長が中心気質とされています。中心気質の天才は、スケールの大きさでほかの気質から抜きん出るもののようであります。

学問や芸術の領域ではどうでしょうか。分裂質は抽象的な理論家や人工的な作品に傾きます。コペルニクス、ケプラー、ニュートン、ライプニッツ、ファラデイ、アインシュタイン、カント、三島由紀夫やカフカ、さらには、アイヒバウムが、そしてその熱情性を指摘するミケランジェロもそうだとされています。循環質はデータの収集に熱心です。具体的でわかりやすい仕事を残します。ダーウィン、ニールス・ボーア、エミール・ゾラ、菊池寛などです。中心気質では何といってもモーツァルトがあげられます。映画「アマデウス」で見た、あのひとを食った天衣無縫は中心気質の見本みたいなものではないでしょうか。坂口安吾の描く柿本人麻呂、などがこの類型に含められてよいでしょう。平賀源内などもこれかもしれません。

芸人やタレントとなると中心気質が優勢であります。仕事の性質がそうなっているからです。野球でいえば、ひと昔前なら巨人の長島（後に巨人軍監督）、スワローズから巨人に移った金田正一（金ヤン）です。ちょっと昔なら中畑（巨人）、いまならさしずめ元木（巨人）や岩本（日本ハム）というところです。サッカーだと、まずはジュビロ磐田のゴン中山でしょうか。フォワードにはこの気質が向いていそうに思われますが、ミッドフィルダーなどには適さないかもしれません。中心気質は一年中お祭りをやっているのですから、見ていても楽しくて飽きがきません。これは政治家や商業などの成功者にはなりにくいと思われます。

安永説にはさらに三つの気質の相互関係が示されています。概要をまとめればこうなります。仮に循環質がジャンケンのチョキの位置にあるとしましょう。すると、分裂質はグー、中心気質はパーのような位置を占めることになるのです。いわば三スクミのような関係に配置されます。チョキにはグーが理解できません。絵空事のような世界に閉じこもって熱中しているグーを見ると、いったい何を考えているのか想像できず、気押され気味になります。グーにはチョキの世界がよく理解できますので、遠くから突き放した眼をそそいでおります。一方、チョキから見るとパーの天衣無縫は単なる無原則な頼りなさと写ります。手綱をとってやらなければ、危なくて見ていられない感じです。清水次郎長と森の石松の関係であります。ではパーだけが貧乏クジを引いているのかといえば、そうでもありません。グーから見るとパーはあまりにも離れすぎていて了解不能なのです。その天衣無縫なふるまいやアッケラカンとした言動が驚異ですらあります。他人から何とかして適当な距離をとろうとしているのに、パーが足もとから突然ヌッと立ち上がったりするのでそのたびにうろたえてしまうのです。

こうした気質論についてもっと詳しく知りたいひとには巻末文献の9と10が推薦できます。どちらも平易とはいいにくい本ですが、読んでみるだけでも何かになるような本であります。後者はこの方面の古典です。

第二部　社会・集団の個性と個々人の個性

さまざまな個性が集まって集団（社会）をつくります。定型的な集団は定型的な個性の分布で成り立ちます。個性の分布によって集団にも集団としての個性が生まれます。集団の個性は文化とよばれる現象を支え、規定します。個性的な集団は集団メンバーの個性にどのような影響を与えるのでしょうか。

第6章　経験の圧力と個性

中心気質は「子どもっぽいひと」、循環質は「集うひと」、分裂質は「引きこもるひと」です。私たちは序章で示した三つの個性を構成するところにたどり着いたのです。自分の周囲の家族や知りあいの人びとをさっそくハカリにかけて分類したくなります。やってみるとピッタリ来るひとばかりではありません。そうはいかないことも多いのです。前章で考えた「ラブレターを書く青年」モデルのことを想起しましょう。あの三人は三種類のマネキン・モデルなのでした。モデルとピッタリ重なるひとはいないわけではないとしても、みんながピッタリ合うわけではないのです。実際のひとに当てはめるためには、モデルを少し改良することが必要になります。といってもたいした手間はかかりません。すでに主な道具をそろえてしまっているからです。やってみましょう。

第1節　個性のスリーサイズ

服装を体型に合わせるためにからだのプロポーションをスリーサイズで表すことがあります。［80、60、85］という具合です。これは順にバスト、ウエスト、ヒップを表すという約束になっています。この約束を守らないと混乱が生じます。60センチはウエストだからよいのでバストだと困るのであります。週刊誌などでおなじみの表記法であります。

健康診断などではもっと簡単にプロポーションをツーサイズで表示します。お医者さんが「身長は？」と質問すれば、次の質問は決まっています。「で、体重は？」とくるのです。［168、63］というようなことになります。この場合も数値の順序は大切です。体重が168ではないわけです。スリーサイズやツーサイズの表示法はそのまま気質の表示に応用できます。たとえば三つの気質をスリーサイズで表してみます。少し気どっていえば三次元のベクトルで表示するのです。

Aさんの気質を［30％、40％、30％］とします。スリーサイズの意味は順に分裂質の重み、循環質の重み、中心気質の重みであります。パーセントで示されていますから、三数値の合計は100になります。そこがからだのプロポーションと違います。身体ではどの数値も自由に変化し得ます。［87、58、？］のデータで写真を載せる契約をかわすのは早計かもしれません。このひとのデータが［87、58、60］だったり［87、58、100］だったりすると写真家を満足させられない可能性があるからです。気質のスリーサイズは重みをパーセント化しています。二つが決まると残る一つは自動的に決まってしまいます。自由に変化し得るのは二つだけという事情を、自由度は2であるなどというようです。

自由度を一つでなく二つに増やすと計算が面倒になりますが、利点も生まれます。どんな点か少し考えてみましょう。

Aさんの個性は［30％、40％、30％］という気質をベースにしているとしました。これはたいへんバランスのとれた個性といえるでしょう。どんな職業、職場でもうまくやっていけそうなひとであります。[★注6]ところで、こうして話す際にいちいち分裂質、循環質、中心気質とよぶのはくどいので省略してよびたいと思います。分（ブン）、循（ジュン）、中（語呂をあわせてチュン）――ブン、ジュン、チュンの順でスリーサイズを表示することにします。

★注6……個性は気質だけで決まるのではありません。たとえば、同じ気質でも知能が違うひとは個性のニュアンスが異なります。また、このようにスリーサイズで表す仕方はクレッチマーのあとを追って体型―気質の関係を理論化したシェルドンが、計量心理学者のS・S・スティーブンスと協力して用いたところです。スリーサイズとはいっても、シェルドン－スティーブンスの場合は体型（外胚葉型、中胚葉型、内胚葉型）をそれぞれ7点法で記述するので自由度は3であるところが違っています（巻末文献16）。

Aさんのデータをチュンっぽくするのは簡単です。［10％、20％、70％］のようにします。純正なチュンなら［0％、0％、100％］ですが、こんなひとは実在しないとすべきでしょう。ジュンっぽくするなら［15％、70％、15％］、ブンっぽくするなら［80％、10％、10％］という調子であります。数値に一つひとつパーセントをつけるのは邪魔くさいというひとがいそうです。それなら小数をつかって［0.6、0.3、0.1］のようにしてもよいでしょう。いっそのこともっと見やすく［7、2、1］のようでもいいでしょう。

気質の表現はこれで終わりとすることもできます。パズル好きのひとならもう少し考えてみたくなるかもしれません。私たちは第1章、第2章ではブン、ジュン、チュンの表示は使っていませんでした。二つのことを思い出してみましょう。

①あるひとの個性を知ることはそのひとの生活世界を知ることである。
②世界には「自分自身」、「ひと」、「もの」の三つの要素がある。

このことを出発点として気質を表現することはできないものでしょうか。実はできるのです。そして似たような結果に到達するのです。ですからどちらでもよいといえます。私はこちらの方が好きであります。理由はこうです。ブン、ジュン、チュンだと、精神医学の素養とまでいかなくても、少なくとも分裂病とか躁うつ病とかについて何らかのイメージを持たなければなりません。それがないとせっかくのスリーサイズが個性の内容と結び付かない恐れがあります。ひとの生活世界に基づいた表示だとこの点がわかりやすくなると思われるのです。さっそく考えてみましょう。

「ひととの付き合い」、「ものの処理」という要素は「ひと」、「もの」と省略してきました。もう一つの要素、「自分自身」というのは「ひと」や「もの」に比べて不細工な言葉なので、語呂を合わせて「われ（我）」とよぶことにします。つまりこうです。私たちの世界は三つの要素からなっていて、その要素は（われ、ひと、もの）のスリーサイズとするのです。試してみましょう。

［2、4、4］は子どものモデルです。自分のことをあまり反省したりせず、「ひと」や「もの」にえり好みなく忙しく生活しているひとです。これはまた、チュンとみなすこともできます。［4、3、3］は大人です。これが二つに分かれます。「ひと」に重みのかかる型で、［4、4、2］のようになります。ジュン（集うひと）です。もう一つは「もの」に重みがかかって、［4、2、4］のようになります。ブン（引きこもるひと）です。図にまとめて整理しましょう（図6－1）。

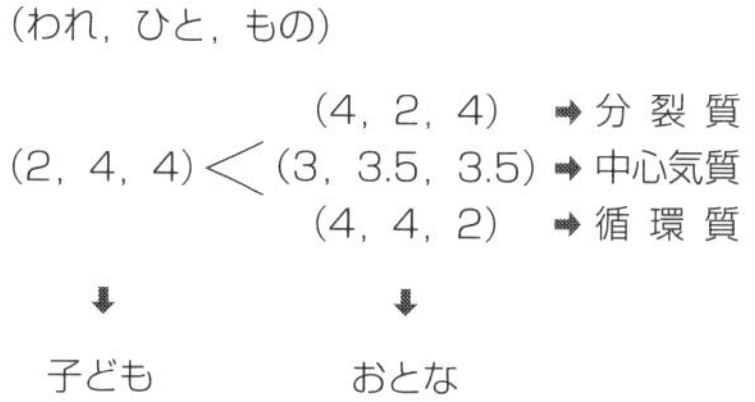

図6－1　スリーサイズによる個性の表現

第4章で述べたように、子どもでも小学校高学年くらいになると少数ではありますが分かれていきます。電子工作マニア［2、2、6］、芸人予備軍［3、

5、2]、などです。また、大人でも男女は少し差があります。男[a、b、c]とすると、女[a+0.5、b+0.5、c−1]といった傾向です。

以上のモデルによって、かなり多様な個性が区別されるようになります。たとえば[8、1、1]のような極端なモデルも考えられます。いつでも鏡の中の自分を眺めて過ごしているようなひとです（白雪姫の継母）。

第2節　カルチャーショック問題

ブン、ジュン、チュンは極端な気質なので、平凡なひとの個性にはシックリこないという問題点がありました。前節ではスリーサイズの表現を持ち込むことによって、この悩みを解消しようとしたのでした。十五年ほど前のことになりますが、当時この気質論を一緒に研究する仲間だった加藤知佳子さん（現豊橋創造大学）、北原靖子さん（現金沢美術工芸大学）、鈴木主真さん（現ソニー研究所）たちはもっと簡単なツーサイズで表示していました。「われ」、「ひと」、「もの」の三要素のどれかを落とせばツーサイズになります。彼女らは「われ」を除いたツーサイズを用いていました。「われ」の重みは成長とともに誰でも単調に増加するのですから、省略してもさしたる不都合がないというわけです。残る二要素はひとにより違うので落とすわけにはまいりません。

「われ」要素の無視によって、白雪姫の継母のような個性は表現できなくなります。そこで省略する前にこれについても少考しておきましょう。「われ」の重みは成長とともに単調に増加します。これは定理でありましょう。ただし増加するとはいっても限度があります。[10、0、0]のような生活パタンのひとは数日生きていればよい方でしょう。かたときの休みもなく自分を鏡に映してウットリ眺めていられたら、さぞかし幸せでしょうが、幸せのなかで餓死するほかありません。自分に対する過度の関心はプラスの方向なら自己愛（ナルシシズム）、マイナス方向なら自己嫌悪といわれます。どんなナルシストといえども、生きていく限りは他人や周囲の事物に多少のエネルギーをふり向けています。「われ」の重みは成長とともに増加しますが頭打ちにいたるわけであります。限度をいくらに見積もりましょうか。さしあたり、60％とでもしておきましょう。

こういう個性はあると思います。「われ」の要素を省略すると、かたよった自己陶酔や自尊心過剰型、あるいはその反対型など、そこらにいくらでもいそうな個性を省略することとなります。ついでに男女の微妙な差まで省略することになるかもしれません。しかし簡単で扱いやすいのはよいことです。そのような犠牲もやむを得ないとすることもできましょう。

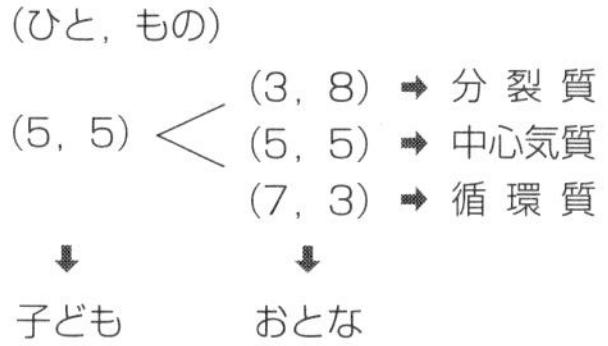

図6－2　ツーサイズによる個性の表現

さてツーサイズの表示では図6－2のようになります。こうすると引きこもるブン、ひと付き合いのよいジュン、何でもこだわりのないチュンがずいぶん見やすくなります。以上は参考までの紹介であります。

表示法の補足に手間どってしまいましたが、本章のテーマは外部からの圧力が気質にどんな影響を与えるかということなのでした。

人生にはいくつかの節目があります。何といっても最大の節目は誕生と死であります。どちらも待ったなしです。どちらについても私たちは自分の体験で語ることができません。語れるのはもっと小さな節目についてなのです。

節目とは何でしょうか。それは私たちが生活世界を変えるときではないでしょうか。幼児なら入園するとき、受験生なら合格したとき、学生なら卒業と就職のとき、サラリーマンなら転勤や任地替え、とりわけ外国勤務を命じられたとき、定年退職のときなどです。私たちは節目を迎えるとき、あらかじめ身構えます。世界変化について漠然とではありますが、覚悟するのです。カルチャーショックを受けないとはいかないまでも、できるだけ小さくしたいのです。出会ってみないとわからない敵に対して身構えるようなものですから、こころ細く、不安であります。節目を迎えるこちら側からするとそういうことです。しかし向こう側からすると話は別になります。近頃の子はシツケがなっていない、というのはいたるところで聞く決まり文句であります。この文句は人類が言葉を持った最初の世代が発した言葉である可能性があります。カルチャーショックが両世代に生じるゆえんであります。

ところでショックの度合いは個性によってさまざまです。また同じ個性でも新しい学校なり会社なりの雰囲気により受けるショックの度合いには差が生まれます。A社だったら初めから順応できたのにB社に入ったためにエライ目にあうということはありそうなことです。これは新しい文化への適応の問題であります。どんな学校でも会社でも広い意味ではそれぞれの文化を持っていると考えられるからです。新入りメンバーは新しい文化に合わせて自分の世界を再構成しなければなりません。上司のXさんや先輩のYさんという新しい「ひと」を世界に取り込み、位置づけねばなりません。タイムレコーダから始まってタイムレコーダに終わるまでの多数の物品を「もの」として配置しなければなりません。手さぐりなので「ひと」も「もの」も落ち着きません。世界の色調は全面バラ色とはいかないのも当然です。こういう状態をネオ・フォビアなどといいます。新しさにおびえている状態です。動物一般に見られる現象であります。新しい世界では新参者はあまりデカイつらをしてはいけないということが本能的にわかっているのです。キタキツネの子どもがジャレ合って転げ回っているうちに巣穴をちょっと離れてしまいます。巣穴のにおいが遠ざかり、新奇なにおいが充満しているのに気づくと、いかにも「ハッ」とした様子で大慌てでかけ戻るのがその例です。動物園ではどんなに強そうなヤツでも檻に入れられた当初は古株の連中に遠慮しているものであります。

数週間が経過すると様子が変わってきます。キタキツネの子どもには遠くまで離れても平気なのがいます。ネズミなどを追っかけていきます。あいも変わらず「ハッ」とかけ戻っているのもいます。動物園でもいつのまにかデカイつらでふんぞり返っているヤツがいます。ますます、ヒネこびて小さくなっているのもいます。適応に差があったのです。こうした問題をどう理解したらよいでしょうか。いままでの構成法の先につなげてみましょう。

第3節　カルチャーショックの表現

新入社員にはそれぞれの性格があります。その根っこには遺伝的な気質があるわけですが、この気質はスリーサイズで表示するなら、「われ」、「ひと」、「もの」の重みであります。ところで、ひとの新しい環境にも性格があるとします。集団の性格、つまり文化的性格です。それもまたスリーサイズで表せるとしたらどうでしょうか（図6－3）。ずいぶん乱暴な話と思われるかもしれませんが、私たちの集団にもそういうところがあるのではないでしょうか。

どんな集団にも有形無形の規則や行動規範があります。ある文化ではチームワークが大切です。ある

ひとの個性	文化とひとのズレ	文化の個性
(4, 2, 4)	しっくり合う	
(2, 4, 4)	多少の違和感	(4, 2, 4)
(4, 4, 2)	違和感大	
(4, 2, 4)	違和感大	
(2, 4, 4)	しっくり合う	(2, 4, 4)
(4, 4, 2)	多少の違和感	
(4, 2, 4)	違和感大	
(2, 4, 4)	多少の違和感	(4, 4, 2)
(4, 4, 2)	しっくり合う	

＊数値は順に（われ，ひと，もの）

図6－3　集団の気質とメンバーの個性の関係

文化では一人ひとりの独自性が尊重されます。ある文化では年功序列が重要で上役に逆らうのはたいへんです。すぐクビにはならないまでも、ヒヤメシをくわされることを覚悟しなければなりません。逆に、自分の意見がいえないと軽く見られる文化があります。このような差は新入社員に生活パタン変更への圧力を生むはずです。

　こちら側からすると外圧の作用はさまざまです。勤務時間以外の付き合いを断って白い眼で見られるのは誰だって居心地よいとはいえません。文化的外圧の例です。はじめのうちならこころを入れ替えればまだ修復可能でしょう。これが積み重なると誰もまともに相手をしてくれなくなります。外圧の姿が決定的になりました。

　このような集団の雰囲気は「ひと」要因に重みがかかっているといえましょう。人脈がさまざまな面で重要になります。学校の先輩後輩、地縁血縁、趣味の共有、そのほかナンやカンや、あらゆることが結び付きをつくります。文化それ自体が「集うひと」のもので、ジュンであり、あらゆるメンバーにジュンであれと外圧をかけます。独自の意見を持ってもかまわないのです。アイディア豊富なひとは尊重されます。しかしそれが正式に会議にかかるまでには迂遠な手順が必要とされます。抜け駆けの功名や

他人の足を引っぱるのは下品であります。十七条憲法以来の日本的な文化といえましょうか。スリーサイズでいえば「4、4、2」というところでありましょう。

仕事の範囲がキッチリ区別されていてそれさえこなせば文句をいわれないような文化もあります。契約や法律など約束ごとが大切で、極端にいえば隣の同僚が野垂れ死にしそうでも手助けなど無用というおもむきがあります。このひとたちがラブレターをどう書くのか考えるのは滑稽です。「憲法第何条により私はオマエを愛する」とでもいうのかという気がします。実際には、まさかそんなことはなく、甘い言葉も使えるのです。公私の区別が厳格であり、それだけに、私的な甘さは格別であり得ます。

専門外ですが、昔習った社会学ではゲマインシャフトとゲゼルシャフトとかいう名前で区別していたように思います。極端にするとイメージがはっきりします。ゲマインシャフト（「和をもって尊しとなす」）は家族イメージです。会社の上司はお父さん、平社員は子どもであります。ゲゼルシャフトは裁判所です。法律や決まりがすべてです。被告の側が検事をギャフンといわせたってかまいません。ゲゼルシャフトのスリーサイズは「4、2、4」でしょうか。二十世紀末から二十一世紀にかけて、グローバル化を求められて苦しむ日本の姿はゲゼルシャフトへの変身ができない苦しみであります。

もう一つ文化モデルをつくります。一匹狼がなんとなく集まったような文化であります。みな、てんでバラバラにやっております。熱気はあふれています。アチコチいさかいが絶えませんが、仲直りも早く、妙に調和がとれています。勝手な思い込みが交錯して、時に紛糾が収まらなくなることもあります。すると西部劇などでおなじみの文句が発せられます。「オモテへ出ろ」というのです。「ワタシやめさせていただきます」などというセリフも頻繁に聞かれます。こんな会社があるわけがないと思うでしょうか。私の考えでは、そうではないのです。むしろしょっちゅうできるのです。ただ、すぐ淘汰されるだけのことです。この集団が国家規模で存在するとすれば恐ろしいことになりそうです。異なった宗教、言語、民族など異質な集団が一か所に閉じ込められたような国家です。イメージとしては公園の子どもたちの仲間集団というところです。スリーサイズは［2、4、4］となります。

各々の文化に帰属したメンバーは集団の圧力にさらされます。集団の雰囲気と個人の気質のスリーサイズが一致する場合はラッキーであります。違和感なしにとけ込めるのです。すんなりと遺伝的気質そのままに成長または適応できます。しかしズレが大きいひとはストレスの強い社会生活を強いられることとなります。適応過程で文化的圧力、社会的外圧にさらされ続けるので、気質そのままの性格でいることが許されません。個人のスリーサイズが集団のスリーサイズの方へ多少ともねじ曲げられることと思われます。幼児期、少年期、青年前期、青年後期といった人生の節目でこうした変化が加えられると考えてみます。たった四、五回の節目では足りないでしょうか。そうともいえません。

先述の三研究者（加藤知佳子さん、北原靖子さん、鈴木主真さん）は、遺伝的気質が文化の圧力で修正される過程を理論化しシミュレーション・モデルをつくりました（マルコフ過程モデルで、いくつかの制約条件をつけるのですが、詳細は略します）。するとどんな文化にどんな個性のひとをおいても、数回の変換で修正できる限界に達してしまうモデルが実現できました。日本文化がジュンとします。そこにジュン気質が生まれると、このひとは無修正の性格を結実します。ブン気質が生まれるなら、ジュン寄りへ修正されます。チュンのひとも同様です。しかしどちらもジュンそのものにはなりません。

次のような理論的な問題が残されているのはお気づきのとおりです。

①気質は親から子どもへどんな風に遺伝されるのか。
②日本人にはブン、ジュン、チュンのどの気質が一番多いのか。

これを解決しようとして調査にかかってもむなしいことになります。調査のための気質判定テストがありません（それなら、そのテストをつくりたいというひとのために、判定テストの試作項目を巻末に付しておきます）。何よりまずこの問題は理論的な問題なのです。精神科学だけでなく、集団遺伝学、社会生物学の視野も必要なのです。

第7章 構成によって理解する——人工知能のこと

私たちはこれまで個性をつくりながら理解しようとしてきました。ふつうの心理学のやり方と違っています。心理学のふつうの仕方というのは週刊誌の性格判断コーナーなどで接する仕方とほぼ同じです。よく知られているように、テストを受ける側は「アナタは……ですか」という質問に答えていきます（例：「ひとまえに出るのが苦手ですか?」）。アミダくじをたどるようにして最後まで答えると「アナタはXな性格です」とかの判決がくだります。たいていのひとは「ウン、アタッテル」と感心してしまいます。

アタッテイルのがあたりまえであります。「ひとまえが苦手か?」と聞かれて、私たちは「イエス」とか「ノー」とか答えます。つまり、自分のことを「物怖じしない方だ」とか「内気な方だ」とか、自分で診断したわけです。一つひとつの判決を自分でくだすのですから、最終的な判決が自分の判断と一致しなかったら、その方が怪しいのです。

私たちがたどってきた仕方はこうした実証的な調べ方（きわめて素朴な実証主義ですが）とずいぶん違っています。まず、一般的で無個性のひとをつくりました。次に男女や年齢による個性を持ち込みました。前章では気質論を持ち込んで、あり得る個性の典型的なポールを建てました。もれ落ちる個性があるかもしれません（ニュートン力学は空気の運動などをもれ落としても価値は変わらないのを参考に）そこにはあまりこだわらないことにします。

いわば人間個性の典型的な模型をいくつかつくりだしていくのです。それを眺めて「私はあのタイプだ」とやるのです。やり方が乱暴でよくないというひとがいそうです。このやり方は人間を機械のようにみなしてしまう色合いがあります。本章ではその辺りのことを考えてみましょう。

第1節　生き物と機械

私たちはひとの個性を特徴の集まりとみなしてきました。どのひとの個性も多くのひとに共有された特性からなると考えたのです。とりあげた個性の多くは行動のパタンでしたが、それは精神的な個性であり、こころの個性であります。私たちは「こころ」でありますが、「からだ」でもあります。こころが個性的なだけではなく、また、からだも個性的であります。ただ、からだは見えます。わざわざ、からだが一人ひとり微妙に個性的であることをいう必要もない、というにすぎません。

ここにちょっとした問題が潜んでいます。それは「こころ」と「からだ」の関係という問題です。二つは同じものでしょうか。別のものなのでしょうか。そもそも二つは「もの」なのでしょうか。どの問題にも確定した答えはありません。最もわかりやすい答え方は次の二つでしょうか。

①「こころ」は脳という身体器官のはたらきである。

②「こころ」は脳（身体器官）とは別ものである。

第一の答えはたぶん多くの人びとの常識に合うでしょう。ここでコむずかしい哲学めいた話をするつもりはありません。ただこの説は哲学者のベルクソン、日本においては解剖学者の養老孟司さんが滅茶苦茶におもしろい本（巻末文献11）のなかでこの見解をとっています。たとえば、声帯というのは身体器官の一つです。呼吸のつくる空気の流れに振動する機械と見ることができます。この器官をとってしまうと、言葉を音声で発することができなくなります。これによって音声は声帯という器官が呼吸器などと連動して示すはたらきであることがわかります。

「もの」と「ものの機能（はたらき）」とは違います。たとえば、考古学的遺跡を発掘して出てくるものは「もの」だけです。人間同士が付き合えばそこに社会関係が生まれます。社会関係というのはものではありませんから、人間が動かなければ生じません。古代人の社会関係が発見されたという報せは誰も聞いたことがないのは当然です。古代人も話したでしょうし、話しながら社会関係を有していたはずです。骨や土器などのものは発掘されますが、声や社会は出てきません。発掘された人骨をいくつ見合いさせてもそこに新たな社会関係が生まれたりすることもありません。死んだ骨から機能は生まれないからです。

脳をとってしまうと意識もなくなってしまうのではないでしょうか。もちろん脳をまるごととることはできません（本当に脳死ということになってしまいます）。しかし脳が部分的に障害されると、こころの方にも対応した障害が起こることはいろいろな証拠から確かなことであります。

呼吸は呼吸器の作用です。呼吸器を解剖していくら捜しまわっても「呼吸ということ」は見つかりません。呼吸は「もの」ではなく呼吸作用という機能であり、「こと」だからです。こころも機能です。こころは「ことがら」であって「もの」ではないのです。知りあいの工学者、篠原さんは「顔と表情」の関係もそうだといいました。たしかに表情は顔の機能です。デスマスクには表情は生じません。

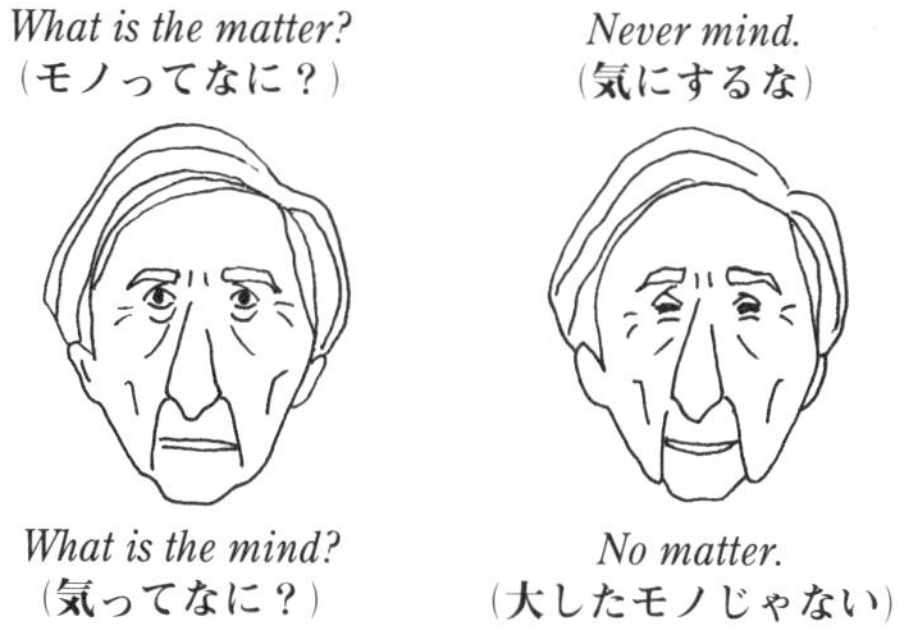
What is the matter?
（モノってなに？）
Never mind.
（気にするな）
What is the mind?
（気ってなに？）
No matter.
（大したモノじゃない）
図7－1　ラッセルの地口─物質と精神について─

「こころは脳のはたらきだ」という常識に難癖つけようとすると面倒なことになり得ます。それは（図7－1に示したラッセルの地口にしたがって）哲学にまかせて、ここでは養老孟司さんの「唯脳論」を承認しておきましょう。実は、「ちょっとした問題」というのはこの先にあるのです。それは次のようなことであります。

「人間は一個の機械にすぎない」という言葉をどう考えたらよいでしょうか。友人が「あなたは一個の機械にすぎない」といってきたらどう答えるべきでしょうか。私はのべ数百人の学生さんたちにこの質問をしてきました。彼らは、まれな例外を除くと、一人として賛成しませんでした。他人ごとでなく、私自身はといえば、私自身もまた「自分は機械だ」と考えると、主観としてスッキリ納得できる気はしないのです。

賛成できないのには理由があります。学生のあげる理由はいろいろですが、おおむね二つに集約されます。一つは「機械というと金属製のイメージで、生き物の柔軟なからだと合わない」という難色の示し方です。これはもっともではありますが、質問を誤解しているといえなくもありません。たとえば、ゴムやビニール製品を考えます。これらの「もの」は柔軟ですが、その運命は物理法則に支配されているという点で金属製品とさしてかわりません。こうしてもう一つの理由だけが残ります。それは、「私には自由な意思があるけれど、機械にはそれがない」というのです。きわめて多くの学生がそう考えました。私自身の感じ方も同じなのであります。ここからパズルが生まれます。

①私たちのこころとは脳のはたらきのことである。（常識1）

②こころの自由さは私たちが機械ではないことを示している。（常識2）

二つをまとめると「脳は機械ではない」ということ、あるいは、「脳という機械は自由である」ということになります。声帯を機械ということはいけないでしょうか。手、足、眼、耳、心臓、肝臓などは機械ではないでしょうか。近年の医学では脳を除いてみな置換や移植が可能です。

「人間は一個の機械である」というのは何を意味するのでしょうか。こんなふうにいってみましょう。手や足には義手や義足でまがりなりの置き替えができます。近頃ではマイコンを組みこんだ精巧なものが開発されております。眼の角膜、赤血球なども人工物置換がききます。脳にもこうしたことが可能になることはあり得ないでしょうか。たとえば前頭葉の代理機械がいつの日かできるということはないのでしょうか。秋葉原で最新式前頭葉カセットがタタキ売りされているのを想像するのはおもしろいようでもあり、恐ろしいようでもあります。誰にも確かなことはいえません。こんな日がくるのは喜べないというひとが多いかもしれません。しかし、いろいろな意味で二十一世紀は恐ろしい時代ですが、次の二点は紛れもなくこの時代の特徴なのであります。

①たくさんの優秀なひとたちが人工知能研究（いわば、前頭葉交換カセット開発）に取り組んでいること

②角膜などは序の口で、心臓はもとより肝臓のように血管の塊みたいな臓器の移植も行なわれていること。臓器移植が人間で実施されていないのは脳くらいであるが、これもいつの日か実施しようと狙っている研究者は少なくないと予想されること。

よく知られているように、脳の移植には二つのハードルがあります。第一は法律上のことで、移植臓器を提供できるひとの脳は死んでいるので移植に適さないのです（心臓死の場合でも脳は真っ先に破壊が起こります）。しかし理論的にはこの法律で脳移植を禁じることはできません。あるひとXが、脳死したYのからだ全部を移植したとしましょう。このときXは脳以外のすべてを移植されたといえます。逆に、YはXの脳を移植されたともいえます。第二のハードルは精神科学の根本問題の一つで、脳移植を受けた途端に移植されたひとの人格は別人になってしまうのではないか、という疑いです。比喩的には「人格的な拒否反応」問題といえましょう。人格をXたらしめる脳に改造して移植する、という点をクリアすればよいのだ、といえば理論的には簡単であります。

機械式の心臓だろうと脳死者の心臓だろうと、移植可能だということは心臓が一種の機械であることを示しています。脳の移植こそは人間では本格的には実施されておりませんが、それは脳がとりわけ複雑精妙な器官であることを意味するにすぎません。少なくとも脳だけは機械ではないというのは難しそうであります。

もう一度パズルに戻ってみましょう。人工知能の立場からするとこころは脳のはたらきにすぎないし、私たちの主観的自由も、ただそういう錯覚をする機械のはたらきにすぎないということになります。サイコロの目の出方はピタリと予測できません。しかしサイコロが機械的に動いていることを疑うひとは

図7－2　電極を植え込まれたサル
動物虐待について意識の希薄だった時代には動物の脳の破壊実験はめずらしくなかった。オペラント条件づけにより電気刺激を自発させられるような部位（快楽中枢）の戯画。

いないでしょう。サイコロ自身に尋ねてみたら「ワタシは自由だ」というようなことであります。

先に個性といえばこころの個性で、からだの個性は問題にしても始まらないといいました。しかし「こころ」の個性も結局のところ「からだ」の個性にすぎないのだ、ということが、急速かつ全面的に証明されつつあるように思われます。現在は「こころ」の個性も脳という器官と伝達物質の機能的個性に帰着されつつある時代なのです。

これには重要な含みがあるようです。自分の特性が学習経験や努力によってどこまで改良でき、逆に、生まれつきでどの程度決められているのか、という問題があります。これは心理学で重要な、また誰しも気になる問題であります。ところで、こころの個性もからだの個性の一つの側面なのだとすると、その個性もまた、生まれつき決定されていることをあまり動かせない、ということになりそうです。現代はまさにそういう結論に向かって動いている時代なのであります。個性の理解は決定論となり、宿命論となります。それは常識からはずれてはいないといえましょう。自分の個性が決定されているからこそ、それを知りたいと願うのです。もしそうでないなら個性など知ろうとせず、好きな個性に変身すればよいのですから。それはできない相談なのですが、遺伝的決定論の工学的応用にも恐ろしいような含みがあります。遠からず疾病は遺伝子治療が参与する時代がくるでしょう。同様に今日美容整形があるように、個性整形時代もこないとはいえません。

第2節　人工の知能

人工知能の研究はますます盛んになっていきます。行き着くところ★注7に達するまでは衰えないのではないでしょうか。学生さんたちには人工知能の意味がよくわからないというひとがいます。「本を読んだら難しくてますますわからなくなった」というひとすらいます。

★注7……行き着くところの例をいくつかあげます。①囲碁を打つプログラムが世界一強いプロの碁打ちを負かす、②赤ちゃんのようにどんな言葉でも獲得するロボット・プログラムができて、そのロボットがロボット自身を研究する、③数学の美しさに感動するなどの美的感覚を持つロボットや、④ショパンの全作品を入力してやるとショパンが四十歳まで生きていたら作曲したであろう曲を出力で予想してくれるロボットなど、がつくられる。

わからない言葉は類似した意味の言葉を考え、さらに、反対の意味の言葉も合わせ考えることによってわかりやすくなるものです。図7－3のような関係です。

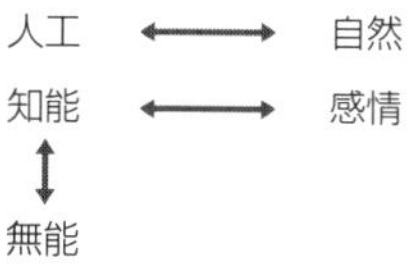

図7－3「人工知能」の反対の言葉

（1）反対の言葉――「人工感情」――

人工感情という言葉を聞くのは初めてというひとが多いのではないでしょうか。松下、日立、東芝などが新しい人工感情を開発して売り出したなどというニュースは耳なれないことです。人工感情というと、どのようなものが想像されるでしょうか。ボタンを押してやるとカンカンに怒ったり、サメザメと泣き出したりするようなものでしょうか。こんな機械では商売になりそうもありません。いやそうでもないでしょうか。ボタンを押すとニッコリ嬉しそうに笑う子どものような機械なら買いたいというひとがいるかもしれません。

人工知能に比べ人工感情研究の手薄さは否めません。それもそのはずです。ボタンを押すと怒ってみせる機械など研究としておもしろくも何ともないではありませんか。もし人工感情研究におもしろいことがあるとすれば、どんなときに怒り、どんなときに笑うかということにあります。急所は「どんなとき」の方にあるのです。それは事がらや状況についての認知の研究になってしまうのではないですか。感情研究の急所はやはり知能と同様に認知の方にあるのです。

思考実験をしてみます。もし私の脳に異常が生じて、配線が狂ったとします。オカシイときに歯をむいて怒り、カナシイときにケタケタと笑い、ウレシイときにワーワー泣くようになりました。とても他人がまともに付き合ってくれるとは期待できません。こうした障害は文献にはないかもしれませんが、実際にはこれに類する障害が実在することを私自身知っています。友人の死というあまりに大きな悲報に接した瞬間そのひとは笑ってしまわずにいられませんでした（そして、あまりに悲しいと笑ってしまう、ということをそのひと自身が自覚しているのでした）。

感情表出には最少でも三つの部分（オーディオ・コンポみたいですが、モジュールとよぶこともできます）が必要なのです。おかしいとか悲しいとか不愉快とかの脳の状態がどのように生じるかということ、笑ったり泣いたりムッとしたりの表情のつくり方、最後に以上二つのモジュールのつなぎ方です。古い理論で（古いのが悪いとはいえませんが）、「悲しいから泣くのではない、泣くから悲しいのだ」という説があります（ジェームズ・ランゲ説というのでしたか）。かねて私は主観的に納得しにくい主張だと思っていました。私はいまではこれを誤りであるということにしています。第二の（表情形成）モジュールについては有名な工学的な研究があります。一九九〇年代初め頃に、東大工学部（というより日本「顔」学会長というべきか）の原島博さん、中央大学文学部の山口真美さん、日大文学部の山田寛さんたちのグループにより、顔の感情表出のシミュレーション・モデルが提起され、実験的にもその妥当性が確かめられました。ある学会で早稲田大学の心理学者、椎名乾平さんは「工学的な構成が分析的な心理学研究を抜き去ってしまう」という警告を発したことがあります。椎名さんの警告の一つの根拠はこれではなかったでしょうか。第一のモジュール（悲しいとはどのような状態か）の解明はこれからのことであります。しかしこれは感情研究というよりは知能・認知研究の一つにほかならないといえましょう。人工感情の研究という分野が手薄に見えても不思議はないのです。

(2) 反対の言葉——「人工のアホ」——

「人工アホ」とか「人工無能」とかもあまり聞いたことがありません。電機メーカーが新しい「人工アホ」を売り出したなどというニュースも聞きません。実際には「人工アホ」は売られているし、たくさんある、と言うと学生さんたちは笑ってしまって信じようとはしません。私はウソはいっていないのです。「人工アホ」はそこらにゴロゴロあるのです。ただ誰も「人工アホ」とよばないだけのことです。

たとえばジュースや煙草、チケットなどの自動販売機は「人工アホ」です。その気になれば簡単にだまして引っかけることができます。にせもののコインで販売機をだますのはやろうとすればできることです。ただ百円玉のニセモノをつくるのに一万円もかかるのでは割にあわないので誰もやろうとしないだけです。その気になれば簡単にだませるのだから、自動販売機はアホです。そしてあれは機械でありますから人工物です。「人工アホ」はどこにでもゴロゴロある、といえるのではないでしょうか。

自販機がどんな仕掛けになっているのか私は知りません。コインのサイズを調べたり、重さや硬さを調べたり、どのみちそんなことをやるわけです。百円玉にはほかにもたくさんの性質があります。周囲のギザギザ、表裏のでこぼこパタン、光沢や比重などいくらでもあります。このなかのどれを区別するような仕掛けをつくっても、みな「人工アホ」にすぎません。そこで思考実験してみます。

一つひとつ違った性質を区別できる「人工アホ」を百種類つくるとします。これを全部連結して、全部だまさなければジュースが出ないようなものをつくります。いわば、壮大な「人工アホ」の団体であります。そのとき人間はこの機械をだませるものでしょうか。

昔から、「三人寄れば文殊の知恵」といいます。いまや、どんな粘り強いひとも「百人も寄り集まった人工大アホ」をだましにかけようとするのはあきらめるのではないでしょうか。ここで一つの結論が出ます。「だまそうとしてもだませないような卓越した判断力」をそなえた機械が、タネを明かせばその実アホの塊にすぎないということです。

エポック社という玩具メーカーの望月和人さんによれば、癒し系のロボットに感情認知機能を持たせる試みがいくつか実現されつつあるそうです。癒し系人形の「お茶犬」で人気を博しているセガトイズには「ピコ」という児童用の学習プラットフォームがあります。同社の横関謙治さんによれば、これは一種の「箱型ロボット」で、向かい合っている学習者の声音や顔の表情を解析する機能をわずかとはいえ持つようです。声音から感情を認知するのは名古屋工業大で開発されたＩＦ（イフ）のように音声の大きさや話速を変数とするのですから、それで十分とはまだいえません。顔の表情も眼や眉、口や顔の傾きなどを変数として解析しますが、個人識別を伴わないなど、できることは限られています。声音や相貌を解析するモジュールは、単独には「人工アホ」にすぎないのです。解析変数をしだいに連結していくとどうなるのか想像してみましょう。いつの日かホンダのアシモが、対面した人間の顔色をうかがうようになったとしても不思議ではありません。それは人間そっくりの精妙な感情機構を持っているのですが、精妙さの内実はといえば、人工アホの塊であるにすぎないわけであります。

(3) 反対の言葉――「天然のアホ」――

山魚女《ヤマメ》はカゲロウやその幼虫を常食としています。それを模した擬餌針を使って釣り上げるのはスポーツフィッシングの一つであります。このような擬似バリが水面に落ちるとヤマメはつい飛びつきたくなってしまうかのようであります。ウデのいい釣りびとはその瞬間に釣竿を引いて合わせます。あわれヤマメはいっかんの終わりとなります。行動科学用語でいえば、水面に落ちる昆虫の形はくいつき行動のリリーサである、ということです。このように簡単にだまされるところは自販機とそっくりであります。アホといわれても仕方がないといえましょう。

ヤマメは人工物ではありませんから「天然アホ」です。リリーサもどきの形に手もなくだまされるときヤマメ(トゲウオ、トカゲなど)が何を考えているのか、私はかねてから気になっています。こういうと、擬人化した解釈は科学的にはよろしくない、とモーガン先生などというひとに叱られます。いいではありませんか。少しヤマメにインタビューすることを想像してみましょう。「飛びつく瞬間にカゲロウが針に変わってしまった」というなら正真正銘のアホであります。しかしこうかもしれません。

「いや、ニセモノということはわかっているんだけれど、あのように落とされるとイライラするので、飛びつかずにいられないんだ」。

こう想像してみると私たち人間も似たようなもので、「天然アホ」と他人事のようにのんきに構えていられないようにも思われます。フロイトによれば人間はおよそ何にでも性的なシンボルを見るようです。週刊誌などにあふれている視覚的な擬似情報は、人間にも「飛びつかずにいられない」効果を生んでいないといえるのでしょうか。女性の写真を見ただけですぐソノ気になってしまう男性はいないのでしょうか。そうだとすれば「天然アホ」のリストに人間もいれるべきなのかもしれません。

ここまでくると、自販機を百台連ねて知的（と思わざるを得ない）自販機をつくるのと同じことをしてみたくなります。いろいろなタイプの「天然アホ」を百なり千なりまとめて「天然アホの壮大な塊」をつくってみます。これで知能らしきものができあがるといえないでしょうか。千で足りないなら三百億あつめましょう。どうせ思考実験です。気宇壮大な方がよいともいえます。思考実験の結論はひとによって違うかもしれません。大切なのは次のことです。「それで知能ができあがる」という意見が数ある意見のなかに含まれています。そしてそれが人工知能とか認知科学とかいうものなのです。これは私たちが知能という言葉からイメージすることとズレています。人工知能というのは「丸いシカク」みたいな言葉なのかもしれません。

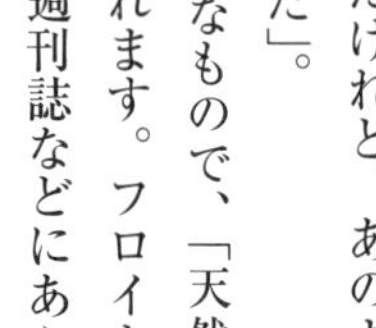

第3節　金縛りにあったひと

世界は「われ」、「ひと」、「もの」からなっているとしたのでした。生活はこの世界イメージのなかで明け暮れます。ブンは「ひと」を避けてもっぱら「もの」に向かいます。ジュンはその反対です。チュンは何ごとにもこだわりがないのですが、何でも気にいれば執着します。ところで、ひとはこの世界のなかでどのように行動するのでしょうか。少しだけ考えておきましょう。

私たちの行動をかえりみると、いつも紋切り型のくり返しのように思われます。眠っては目覚めます。いちいちいうのは紙のムダなのでやめますが、毎日まいにち同じことをあきずにくり返しています。何かのおりにフト、これでいいのかなどと考えます。その「何かのおり」というのもくり返されます。特定のひとにくり返し腹をたてます。ライバル意識を燃やします。誰かにやさしい気持ちを持ちます。何かのものに取り組みます。楽しみます。おしゃべりします。

くり返されるパタンをモチーフ（動機）といいます。デザインや音楽、あるいは記号学的な用語でもあります。推理小説だと犯罪にはモチーフがあることになっています。心理学では犯罪だけでなく、たいていの行動に動機があるということになります。動きがあればモチーフあり、といえそうです。自動車や機関車が動いているとき、なかにはモータがあります。空気や水面が波立ちますと、そこにも波のモチーフがあります。aの波とbの波をモチーフにして合成した波はaとbのどちらでもないもう一つの合成波になります。音楽でいえば二つのライトモチーフの重奏であります。

くり返される行動モチーフには本能が含まれています。遺伝的な宿命といってもよいでしょうか。逃れようとしても逃れられないモチーフなのです。たとえば世界が「われ」、「ひと」、「もの」からなっているというのはどうでしょうか。どれが欠けても私たちの世界は色あせてしまい、生きる元気も失せてしまいます。不思議なことであります。私たちは一人ひとり世界をそんなふうにしようと約束したわけではありません。生まれた赤ちゃんに母親が「世界をこのようにつくりなさい」と教えるわけでもありません。憲法でそう決められているのでもありません。ふと気がつくと、のっけから私たちはそうなっていたのであります。

一人ひとりの世界は互いによく似ています。そのなかで一人ひとりが単独で生きているのですが、その生き方もまたよく似ています。どのひとも友だちを持っています。友だちは親和の相手ですが、同時によきライバルであったりもします。誰かを好いたり、誰かと（表面に出さなくても）競争します。「好きになったり」、「競いあったり」するのは私たちの生活の重要なモチーフであります。人間はもとより、ちょっと高等ならどんな動物にも見られるモチーフです。

仲間への愛や仲間との競争は、高等な動物には必ずある本能的モチーフであります。これは本能なので、抑えようとしても抑えられないものです。無理やり抑えると息がつまって生きている気がしないということになります。

「ひとを愛してはならない」ということはあまり聞きません。しかし「ひとと争ってはならない」とか「競争心は抑えて」とかはよく耳にします。私たちは自分にそれをいい聞かせたりもします。しかし本能なのですから、いくらお説教しても無駄なのであります。もしお説教が有効だと、私たちは病気みたいになってしまいかねません。本能を抑えると神経症のようになる例をミドリカナヘビで見た報告があります。ローレンツの茶目っ気たっぷりな実験なのですが、カナヘビにはたいへんな災難だったはずです。

ミドリカナヘビは名のとおり全体に緑色の小さなトカゲで、オスはノドのあたりに青い彩色をもっています。肉食動物ではめずらしくもないのですが、オスは縄張りを有していてほかのオスが侵入すると飛びかかって攻撃します。ほかのオスの毒々しい青ネクタイを見ると断じて許せない気がするらしいのです（行動学的には、青い首が攻撃行動のリリーサになるといいます）。メスはネクタイを着けていません。勝手にオスのテリトリーに入って虫などを食べますが、オスはこれを攻撃しません。「女性を攻撃する」などということは絶対にできないのです。そういう攻撃抑制本能があるのです（人間もそうです、たぶん）。ローレンツたちは一匹のメスを捕まえると、そのノドにペンキで青いスカーフを着色してから放しました。彼女はそれでも平然とオスの縄張りを気にせず闊歩します。これを見つけたオスはカンカンに怒って緊急発進し、飛びかかり、噛みつこうと大口を開けました（トカゲの舌先には嗅覚器官がありますので）そこでメスのにおいを嗅ぎ取りました。攻撃に急ブレーキがかかります。彼はメスの背中越しにもんどり打って転がったそうです。ローレンツのいう「このショッキングな体験」をして以来、彼は本物のオスの領界侵犯に対してもすぐにはとびかかれず、まず舌先でメスでないことを確認しなければならなくなったそうです。「すんでのところで女性に咬みついてしまうところだったということは、それほどショックだったのだ」とローレンツは総括しています。

この観察は本能行動が修正可能だということを示唆しています。この場合それは本能A（攻撃性）をもっと強力な本能B（メスへの攻撃禁止）で無理やり修正する仕方でした（毒をもって毒を制するのです）。修正された攻撃性には病的な倒錯、神経症が見えるのではないでしょうか。本能を抑制することはどんな動物をも歪めてしまうのです。

二十世紀は人類が共産主義という政治体制を試みようとした世紀でありました。どの試みも十分にうまくいったという形跡はないようです。行動科学の視点から見ていえば、「本能を抑制することはできない」ということを無視した取り組みがうまくいかなくても不思議ではない、ということになります。リスは食べものを貯蔵する本能を有します。所有欲が生存と深く結び付いているのです。サルや人間にも所有の争いがあり、その根底が本能に縛られていることはリスとたいして変わりません。共有を唱導する政治体制は、その実、権力者の本能を実現するために一般市民の本能を抑制することになりがちでした。市民は病的な状態に追い込まれるのです。こうした事例は二十一世紀でもなお散見されるのではないでしょうか。

本能を抑圧されたらトカゲもリスも人間もきつい神経症に陥ると見なければなりません。もっとも人間が本能を抑えるということは実際にはいくらでもあります。たとえば僧侶の修行などがそれです。これも「毒をもって毒を制する」やり方であります。煩悩とよばれる本能を抑えるということについて、

修行仲間と競争するという本能を発動するのです。

競争というモチーフが生活に強く根付いていることはすぐ了解できます。ある作家の次の言葉はこの辺の機微を伝えようとしたものでしょう。「人生とは（私は確信をもってそれだけはいえるのであるが苦しい場所である。生まれてきたのが不幸の始まりである）ただ、人と争うことであって、その暇々に、私たちは何かおいしいものを食べなければいけないのである」。

受験生は学力偏差値を競います。サラリーマンは業績を競い、給料や地位を競います。学者は田中さんのようにノーベル賞とはいかなくても、論文数や学会の地位を競い、かたわら研究費利権を競います。政治家は大臣の椅子を競います。実業家はその政治家に取り入って事業の興隆に利用することを競います。タレントは人気を競います。たぶんすべての美しい女性は（美人コンテストがあってもなくても）美を競います。

この調子で書くのはページの無駄づかいになります。モチーフの表現を簡単にしましょう。「競争する（美しさを）」、「競争する（英会話を）」のようにしてスペースの節約をはかります。競争というモチーフ以外についてもそうすることにします。たとえば「コレクションする（TVゲーム）」という具合です。どんな行動モチーフについても「何かスル（何々を）」とやるのです。

モチーフはどんなものでも取り込んでしまえます。競争モチーフで例を示しましょう。

何かスル（何々を）　　何かスル（何かスル（何々を））

競争する（貯金高）　　競争する（競争する（コレクションする（お金）））

競争する（ファイト）　　競争する（競争する（何かのこと））

これでもわかるように、モチーフのなかみはさまざまに変化し得るのです。モチーフAのなかに別のモチーフBが取り込まれることも、モチーフAが入れ子になることもあります。音楽でいえば同じモチーフが重奏されるのです。

こんな競争すら構成できます。「競争する（他人と競争しない（ナニゴトでも））」。これは仏教の修行をするひとが実践しているのではないでしょうか。第1章で見た競争のないパーリア人社会では、みんな無口で穏やかなひとばかりとされていたのでした。この人びともまた「競争などしないことの完成」をめざして競い合っていると推測されないでしょうか。

私たちのなかには財産の競争に血道をあげたりしなさそうなひともいるかもしれません。ファッション競争に眼もくれないひとも、人気の有無など気にしないひともいるかもしれません。しかしおよそ何ごとにおいても他人との比較をいっさいしないというひとはいないと思われます。人間は何かについて競争しないではいられないのです。ほかのひとを意識すると自分と比較します。しかも、ほかのひとなしの世界で生きていくことはできないのですから、競争を抑えることはできないのです。

人間はほかの生き物と違って文化の影響を受けます。この点に人間の最大の特徴があるとされることもあります。では文化とは何でしょうか。もし文化と本能とは無関係のことだとか、異質のものだとかいうなら、それはまったくの間違いであります。文化は人間集団のつくりだすものです。そうだとすると、文化は一人ひとりの人間の本能的モチーフに支配されるに決まっているからです。その辺のことをさらに考えてみます。もっと詳しい議論を知りたいひとは巻末文献の7を参照願います。

第8章　ファッションと文化

みんなが似たようにふるまうことの原因が二つあります。一つは法律などです。もう一つはファッションです。交通信号は法律の例です。守らないと処罰がくだるかもしれません。ファッションに罰はありません。その性質はどうなっているのでしょうか。

第1節　強迫観念について

二十世紀後半はモノトーンの服装がはやりました。長続きしていて、二十一世紀初頭にも継続しています。手や肩のバッグも黒です。服もバッグも大きすぎるサイズがはやっています。若い女性の袖口は長すぎて指先も出せないほどです。きっと子どもっぽくかわいらしく見えるのを期待しているのだろうと思われます。不思議な気がします。どうしてみんな同じ恰好になるのでしょうか。一つは売り手側が今年はこれで儲けようと結託したからです。もう一つの理由は、一人ひとりの若者に「同調する」とか「競い合う」とかのモチーフがあるためであります。みんなが似たような服装なのに、自分だけ別の恰好をするのは勇気がいることです。目立ちますし、どうかすると笑われたりします。

どの子も前髪を額にたらしています。どの子も下を向いて歩きます。電車の中でもよそ見などせず、うなだれています。携帯電話と付き合うためです。ウォークマン、コンサート、マンガなど、みんな

「同調する」モチーフや「競争する」モチーフが根っこにあります。「同調する（みんなのナニカに）」だったり、「競争する（みんなとナニカで）」だったり、「競争する（みんなと（同調する（みんなのナニカに）））」だったり、もっと複雑だったりします。これは若者文化の一端であります。そして若者に限らず、文化とはみなこうしたものであります。

　文化はいわば**強迫観念**の共有システムであります。学生さんたちにこれをいうと笑い出したりします。強迫観念というのは精神病理学の言葉なのです。私は専門外ですから、精神医学事典で「強迫」ということを整理しておきます。

「強迫（英語でオブセッション）……絶えずこころを占め、意識して除去しようとしても取り除けないような観念、あるいは思考、行為。」

　要するにこうです。ある種のこだわり癖をなくすことができないで困っている患者がいます。本人はばかばかしいことなのでこだわりを捨てたいと望むのですが、努力しても捨てられないで苦しむのです。たとえば「ワタシはなぜワタシなのだろうか」ということが気になって仕方がないものとしましょう。いくら考えてもわかりません。「考えても仕方ない、やめよう」と、われに返るそばから、たちまち気になりだす。そういう患者が（ヴィトゲンシュタイン以外にも）実際にいるそうです。四六時中こんな状態ではたしかに困るのではないでしょうか。これで生きていこうとするならば、大学教授でもする以外ないのではないかと思います。

　コンパスやシャープペンシルとかのとがったものを眼にすると恐ろしいというのもあるそうです（尖

端恐怖症）。エレベータや満員電車などに乗ると息苦しくなりそうで怖くて乗れない閉所恐怖症。「みんな乗るのに私だけ怖がるのはヘンだ」といくら自分で思ってもだめなのだそうです。手にバイキンがくっついている気がして、洗っても洗ってもどうしてもジっと見ないでいられないということもあるようです。手の皮がむけてしまっているのになお石鹸でこすって洗うというのです。「バイキンなどユビキタス（どこにでもいるもの）で追放することなどできないし、そこらのバイキンで人間簡単に病気になりはしない」、といわれてもだめなのだそうです。手の皮がむけるほどではないにしても、これなど私も多少覚えがあります。いくつかの事典や教科書を見るとまだまだあります。接触恐怖、疾病恐怖（がん恐怖）、赤面恐怖（対人恐怖）、「鍵の閉め忘れ」や「火の元消し忘れ」を気にして出先から戻るもの、実に多様なので一驚します。

本人が深刻に苦しんでいる症状なのですが、よく考えてみると文化というのはこんなものではないかと思われます。モノトーン・ファッションに同調するひとは「モノトーン強迫」ではないでしょうか。携帯電話を持たずにいられないひとも「携帯強迫」ではないでしょうか。「東大でなくてもいいのよ」とやさしく言ったあとで「でも初めからあきらめることもないのよ」という母親はどうでしょう。

食事で箸を使わず手で食べるのは不潔、不作法とされます。インドのひとは手で食べないでしょうか。味噌汁とご飯の位置にも作法があるようです。スープをすくうのに手前から向こうへすくおうと、反対方向だろうと、どうでもよいのではないでしょうか。うどんはツルツル音をたてて食べます。スパゲッティを同じようにしたってい

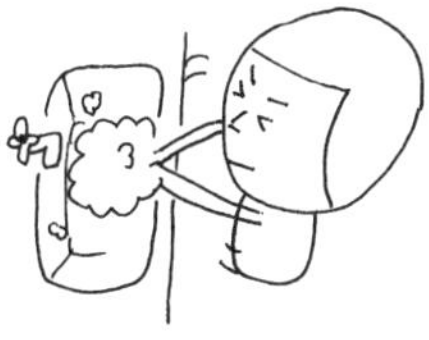

いではないかと思います。

文化の形式はどの民族でもそっくりです（たとえば、食べ方の作法を持たない文化はないそうです）。しかしその具体的内容はまちまちで、反対のことすらめずらしくありません。王様をいただく文化と追放する文化とがあります。よく考えるとなぜそうでなければならないのかわかりません。実際の理由はただ一つ、「みんなそうするから」ということです。「そうしなければならない合理的根拠はないのに、そうしないではいられない」のです。これは先ほど事典で調べた強迫とそっくりではないでしょうか。違う点が一つあります。それは誰もそれについて苦しまないところです。なぜ苦しまないのでしょうか。それはまたしても「みんなそうしているから」なのです。ビートたけしさんが「赤信号みんなで渡れば怖くない」といいましたが、「みんないっせいに発病すれば病気ではない」のです。これが文化なのであります。

文化の根っこには「同調する」モチーフと「競い合う」モチーフが横たわっているのでした。しかもこれは遺伝子に規定された本能的モチーフなので、なくすわけにはいかないものなのでした。モチーフはさまざまに変奏可能です。伝統も若者文化も東の文化も西の文化もみな根っこで本能に支配されています。

ところで少し考えると、文化を支配する本能がそれ以外にも見えてきます。山や森をつぶし、川や海を汚し、生き物すべてを追いつめて苦しめ、宇宙空間までゴミ捨て場にするのはまさしく人間文化の所業であります。これを「同調する」モチーフと「競い合う」モチーフだけで理解することはできません。なぜならオオカミもサルも同じモチーフをセットとして持っているからです。サルやオオカミは森を破壊したりしません。すべては人間の所業なのであります。私の接する学生さんたちが（女子大生ばかりですが）文化とかヒューマニズムとか口にすることは滅多にありません。しかしそれを口にするとき、ある種のテレや恥じらいを示すひとがいるように思われます。ヒューマニズムは「人間独善主義」と訳すのが妥当な時代になったのです。この意味を理解するには人間特有の本能を知らなければならないわけです。

第2節　文化後退と本能抑制

商品の価格末尾に98をつけて売るようになったのはいつ頃からのことでしょうか。一万円のものは9千8百円、千円のものは9百8十円という具合で、子どもたちは「キュッパー」というようです。売るための戦略でこれほど行きわたっているのを見ると図にあたっていると思われます。同じ物なら安い方を買うのは消費者の心理というものであります。

サラリーマンの立場だと、同じ労働なら給料が高い方がよいということになります。A社で29万のひとにB社が30万出すといえば「転職しようか」と考えさせられます。転職用の情報誌が売れるわけでありまず。企業の立場では社員がいなくなったらそれまでなので、他社に負けないようにしなければなりません。互いの業績をにらみながら気息を計りあうことになります。個人も組織もゼロ・サムやノン・ゼロ・サムのゲームから逃れるすべがないわけであります。「できるだけ大きく稼ぎ小さく払う」のです。「キュッパー原則」とでもよんでおきましょう。

同種の企業が気息を計りあって、血で血を洗うような過当競争を回避しようとしても、個々人のレベルで「キュッパー原則」がはたらいているかぎり、経済成長を止めるわけにはいきません。こうして経済開発が進行し、地球が食いつぶされていくことになります。

いまは絹の生産も減りましたから、カイコを飼っている農家などほとんどなくなりました。あのテの虫は苦手だというひともいると思います。しかしカイコが葉っぱを食べていくのは見ていて飽きのこないものであります。毎日一定量の葉っぱを食べます。周辺から順序よくサクサクモコモコときれいに食べていきます。何枚か食べ残す程度の葉っぱのついた桑の枝をやるわけですが、目分量を誤ると全部たいらげることになります。私は（いつもの擬人主義でいえば）心配になります。最後の一枚を食べながらカイコはどう思うのでしょうか。

何も思わないかもしれません。でもヒョっとすると、「ヒャー、これでオシマイか」と動転しているかもしれません。そのときカイコは食べるのをがまんしようかと迷うかもしれません。しかし迷ってみても、結局のところヤケクソ気味にムシャムシャ食べてしまうのでしょう。生態学者やジャーナリストの報告では、人類の桑の葉っぱも先が見えてきたようであります。想像したカイコとそっくりでありす。なかばヤケクソ気味で最後の葉っぱをムシャムシャやっているところかもしれません。

前節の終わりに紹介した学生さんは「でも、どうしようもないと思うんです」といいました。そのほかの数人もたいてい同じような感想のようでした。個々のひとは生活パタンを変えてもいいと思うことがあるのです。たいていは発作的な一時の発想です。すぐに「私一人が変えてみても大勢に影響はな

い」ことが見えます。事業主だって同じです。多少の経済後退でもかまわないのだが、と発作的には思うのです。「キュッパー強迫」の恐怖がすぐさま圧力になります。これは国家レベルでも同じです（自治体レベルでいえば、長野県の田中康夫知事は二十一世紀の希望の星かもしれません。上記の学生さんがどういうか聞いてみたいものです。あるいはまた、中田宏横浜市長もあげてよいかもしれません）。

「キュッパー強迫」は人びとのあらゆるレベルで強迫現象の観を呈しています。この原則の与える不安と恐怖は「絶えずこころを占め、除去すること」ができません。これは私たちの文化の重要な特徴です。なぜ取り除けないのでしょうか。わかりません。わかっているのは（よくいわれることなのですが）「文化に後戻りはきかない」ということなのです。

たしかポーの小説に『アッシャー家の崩壊』というのがあったと思います。生活世界が崩れ去る恐ろしいイメージが描かれていました。「文化に後戻りはない」というのはいい古されたご託宣であります。根拠ははっきりいたしません。一人ひとりの生活がなぜ後戻りできないのでしょうか。地球がだめになれば個々人の生活世界も崩れ去るということは誰だってわかります。ところが崩壊の恐怖のために、誰も生活パタンを変えようとしないように思われます。実はここには「恐怖（不安）と距離」の心理学的定理がはたらいているのです。時間空間的に遠くの巨大な恐怖は目の前にある小さな不安にかなわないのです。「恐怖の大きさは距離の二乗に反比例する」のです。

こうして今日の生活パタンを誰も変更できません。これは「競争」「同調」モチーフの根深さを示すものであります。一つ楽観的な思考実験をしてみます。ちょっと微妙で市民運動のアジテーションと間違えられる恐れがありますが、そうではありません。本能を制御して神経症を招かないような技術をめぐる心理学的な思考実験なのであります。

私はこれまで文化について、①文化はおしなべて強迫現象であり、②強迫の根っこには「競争」と「同調」という二大本能モチーフがある、と述べました。そして私たちの生活パタンが変わらなければアッシャー家の崩壊が避けられないとしたのです。さらに「文化は後戻りさせられない」といわれるのでした。ここから生まれる結論は明らかです。ギリシャの人びとはたしか三段論法などとよんでいたそうですが、アッシャー家は遠からず崩壊するのです（北極南極の氷山が崩れていますし、ヒマラヤの氷河の後退も急であると聞きますから、逃げろといいたいのですが、いったいどこへ）。

逆を考えます。生活パタンが変更できるものと仮定します。「文化に後戻りはない」という根拠不明なご託宣を否定してみるのです。「どうすれば後戻りできるのか」とすぐさま質問されそうです。それは問わないで、仮定するのです。するとアッシャー家は崩壊するとは限らない（その保障は必ずあるともいえませんが）ことになります。以上を確認のうえで思考実験に入ります。

第3節　JTウォッチング

モチーフのことを思い出しておきます。音楽と同じく、行動のモチーフもさまざまに変奏できるのでした。「ドウニカする（ナントカを）」というのがモチーフで、ナントカという変数には何を代入してもいいのです。

次に本能についての整理もします。いかなる「文化の後戻り」案も本能の発動を抑止することになるのではうまくいきません。それでは人間が欲求の阻止で病気になってしまう危険があるのです。お釈迦さまや達磨さんのようにみずから厳しい修行を経て悟りをひらいたひとならば本能を抑制できるかもしれません。私たちのように平凡な人間はそうはいきません。自分でできないのですから、ひとから抑えなさいといわれてできるはずがないのです。

「キュッパー強迫」の根っこには「同調する」と「競争する」という本能モチーフがあるのでした。本能モチーフは変奏がききます。ここにうまく付け込んでいけば、神経症的な倒錯を生むこともせずに、行動パタンを変えることができるかもしれません。その試みの一例として「文化の後戻り」を立案してみましょう。

競争モチーフは実際には次のようにはたらいています。

○競争する（もっと便利な生活用品）――家庭の人びと
○競争する（もっと高速なコンピュータ開発）――先端企業
○競争する（もっとたくさんの預貯金）――銀行員
○競争する（もっとたくさんの子分と利権）――学者と政治家とヤクザ
○競争する（もっとスリムなからだ）――若い女性
○競争する（携帯電話の新機能）――青少年
○競争する（もっとナントカなカントカ）――すべての人びと

はたらき方は多様です。一人でいくつもかけ持つことがふつうです。個々人にとって競争はコレでなければならないということはありません。進学に失敗しても司法試験にファイトをもやしたりしての成功例はふつうに見られることです。東京がダメなら大阪がアルのです。

特異なはたらき方も復習しておきましょう。

○競争する（競争心の旺盛さ）——プロのスポーツマン

○競争する（競争しない態度の洗練度）——もの静かなひと、僧侶、パーリア人など

同調モチーフのはたらき方は競争モチーフと裏腹の関係にあります。例示はくどくなるので省略します。さて、以上を踏まえて、モチーフが変奏できるということに付け込んでみましょう。こんな行動パタンがあり得ます。

○競争する（ナンでもカンでも同調はしない態度）

「和が無条件で尊いわけじゃない」態度といいますか、「ノーというときはいう」態度といいますか、そういう態度を競うのです。「そんなこと私一人努力してもみんながやる保証がないから無意味じゃないだろうか」という反論が聞こえるような気がします。それは誤解に基づいた反論です。ここでしているのは市民運動ではないのです。そうした市民運動が実をあげるための条件を心理学的に探る、という意味はあるのかもしれません。そういう市民運動が大量の神経症を生み出す危険はないか、というパズルに取り組むのですから。

生活パタンを右のように変えるということはもっと細かく見ると次のようなことだといえるかもしれません。

○競争する（同調しない（遠慮なしに休暇をとるひとを白眼視すること））

○競争する（同調しない（会社の成長を目標に掲げること））

私は大学という組織のサラリーマンです。大学にはこういうひとがまったくいないわけではないよう

に思われます。きっとどこにでもいるに違いないと思います。長野県の田中康夫知事はどうもふつうの知事と違っているように思われます。また、二〇〇三年一月末には名古屋高等裁判所の金沢支部の川崎和夫裁判長は、高速増殖炉「もんじゅ」のナトリウム冷却剤事故をめぐる判決で、国の安全基準の誤りを理由にして建設許可を無効とする判決をくだしました。これらは有力な実例なのではないでしょうか。

しかしまたしても反論が聞こえてきます。「それでは会社が立ち行かなくなりそうだ。あぶないことになるのではないか」、と。これはまたしても、パズルの前提を忘れてしまった反論です。出発点はこうでした。このまま会社の成長を争っていると地球がヤバイ、地球がヤバければ私たちもヤバイのです。「会社が成長しないとヤバイ」という強迫観念をどうスゲかえるか、これが思考実験の出発点なのでした。その答えを引き出した途端に「これでは成長できないからヤバイ」というのはまさしく強迫症状ではないのでしょうか。思考実験と現実を混同しないでほしいものです。

しかしもちろん、本当に会社がヤバクなって私たちの生活もヤバクなるのでは、困るわけです。会社も私たちもヤバイことにならないようにしなければなりません。その点を頭に入れてパズルを先にすすめましょう。

さて、「競争する」の変数項（ナントカで）のところには「滅多やたらに同調しない」という内容を代入するところまできました。これにより達成されることを整理します。

①このひとの生活パタンは変化する。

②「競争」という本能的モチーフは依然としてはたらく（抑圧されていない）。

もう一つの同調モチーフについても抑圧されていないといえるでしょうか。これが抑圧されるのではパズルは解決不能ということです。モチーフは変奏可能ですから、同調モチーフのはたらき方は次のようにも考えることができます。

○同調する（何かする誰かに）――一般的なモチーフ構造

○同調する（競争する（無原則に同調しない（成長強迫に）））――パズルの解法

実は、本能的といえない行動についてなら、こうした行動変更が実現しつつある例はいくらでもあります。変更が社会的に認知されるにつれ、モチーフの構造も変化します。参考までに喫煙行動と嫌煙運動を例示しておきます。

○競争する（同調する（喫煙者に迷惑を知らせる））→嫌煙運動の初期

○同調する（競争する（喫煙者に迷惑を知らせる））→嫌煙運動の成熟期

「成長、成長ってそんなに焦ることないよ」などというひとがいるとします。こういうひとを見つけたら「アッ、ソウナンダ」と同調するわけです。こういうひとが二人いたら、なおよいわけです。たくさんいれば断然よいわけです。これが満たされれば同調モチーフも抑圧されないですむことになります。「何だ、ツマラナイ」という声が聞こえるような気がします。「やはり市民運動じゃないか」というのです。そんなつもりはありません。仮に「つもり」があっても、二十世紀のレーニン、スターリンからゴルバチョフまでの東欧で起きたことの教訓は重大です。本能的モチーフは社会的な抑圧になじまないだけでなく、社会的保障にもなじまないのではないでしょうか。

くり返します。私はただ、生活世界を変えてもなお、本能的モチーフの発動を抑圧しないということがあるかどうか、この理論的パズルを解いてみたのです。キワドイけれど解決策はあり得るというのが、その結論でした。二つのモチーフの同時平行の変奏曲は可能なのです。

これで話を終えてもよいのですが、パズルの解に近い実例を探索してみます。その実例として私があげてみたいのはJTという会社（旧たばこ専売公社の民営化による日本煙草KK）であります。これは本当に特筆すべき会社なのではないでしょうか。

何万、何十万と会社はあっても、自社製品に「あまりたくさん買ってヒドイ目にあっても知りませんヨ」などと広告しているのはここだけではないでしょうか。この会社では「競争する（同調する（煙草の売り上げに血道をあげないこと））」という生活パタン切り替えを実践していると見られます。個々の社員がどうしているかは知りません。また会社全体が生産路線を煙草からほかに替えようとしていることも無視します。ともかく、パズル解決策の実例に類する例があったわけであります。少し立ち止まって次の広告をジックリ味わってみましょう。

「わが社の製品をたくさん利用するのはあなたの勝手ですが、どうなってもわが社は責任を持ちませんヨ」

なんと誠実でエレガントな広告なのでしょうか。この誠実さはもしかすると、こころにもないことかもしれません。嫌煙権論者などの圧力に抗しかねた結果なのかもしれません。しかし自発的でなくても誠実はよいことです。自発的ならもっとよいわけです。よくよく考えれば、右の広告の「わが社の製品」にはBSE牛はもとよりですが、農薬づけ野菜や抗生物質づけの肉を代入してもよさそうです。ポリ袋、プルトニウム、電気製品、石油、墓地、公園、動物園、銃、対人地雷、テポドン、核兵器、そのほか何でも代入できます。米や大根だって代入できます。長野県のダムだって、本州四国の架橋だって、利用者が見込まれない高速道路だって代入できます。私たちの生活全体がそうなっているのですから、みな入っても怪しいことは何もないのであります。

誠実さはいまのところJTだけが奮闘しています。さすがに昔は専売公社だっただけのことがあるといえましょうか。いや、そうでもないかもしれません。（私の感じでは）田中康夫知事がいます。さらにもう一つ、印象深い例を思い出しました。テレビ討論会でしたが、司会者がこんな意味のことをいいました。環境破壊の一つであるCOx、NOx問題についてです。

「この問題の一番やっかいなところは、影響が目に見えるところまでこなければ、ことの深刻さがわからないことにある。」

「距離・恐怖の反比例定理」を知っている立場からすると、間の抜けた発言であります。これは果たせるかな、最初の発言者であったひと（たしかボルボ自動車の副社長でした）の反論を招きました。司会者はボケを装っていたのかもしれません。「私は司会者に賛成できない。影響は目に見えないどころではなく、湖沼や森が次つぎと死んでいるのは現実なのだ」、というのが反論の内容でした。誠実はJTの専売ともいえないわけであります。

第9章　本理論の使用説明書

個性をめぐる構成的な理解も、ゴールに近づいてきました。私たちはこれまで三つの個性（ブン、ジュン、チュン）をつくってアレコレ眺めてみました。自分自身やほかの人びとをアレコレ眺めて、ひたすらデータを集め、どこがどう違うか思案投げ首するのは実証的分析のやり方です。これだと結局ハッキリした人間モデルがわからないで終わります。私たちはハッキリした個性を構成しました。三つのマネキン人形（模型・モデル）があるのです。これを眺めて自分はこのタイプだとか、アイツはあのタイプだとかやるのです。構成的なやり方はタイプの割り振りでスッキリいかないことが起こり得ます。しかしモデルがわかりやすいのが利点です。

乗りかかった船ということがあります。ついでにこの個性がどっさり集まった集団を構成してみましょう。会社や学校、地域社会や国家、何でもかまいません。集団の模型をつくるのであります。

第1節　蚊ばしら

近ごろのひとには蚊ばしらといってもわからないひとが多いようです。農薬の使用が地面からミミズなどを駆逐しました。家や野や林から蚊なども駆除されました。蚊ばしらなど見ることもない道理であります。説明しますと、読んで字のごとく、蚊がワンサカ集まって一か所で柱状に乱舞するのです。子どもの頃、夕暮れの帰り道などでこれに出くわすと通り抜けるのが気持ち悪かったものでした。子ども心に「ハハァ、蚊がお祭りか何かやってるナ」などと感心したものです。私は昆虫についてもよく知りませんので、生物学事典（岩波書店）で調べてみるとおよそ次のような事情がわかりました。

「少数のオスがもつれ合うように飛びだすのが始まりで、これがだんだん数を増していく。何のためにこうするかといえば、交尾に関係しているらしい。みんなオスばかりで、メスはときどき外からやってきてオスを一匹つれ出していく。群飛というものである。この種の繁殖行動はもっぱら昆虫にみられるものだが、まれに海鳥などにもある。」

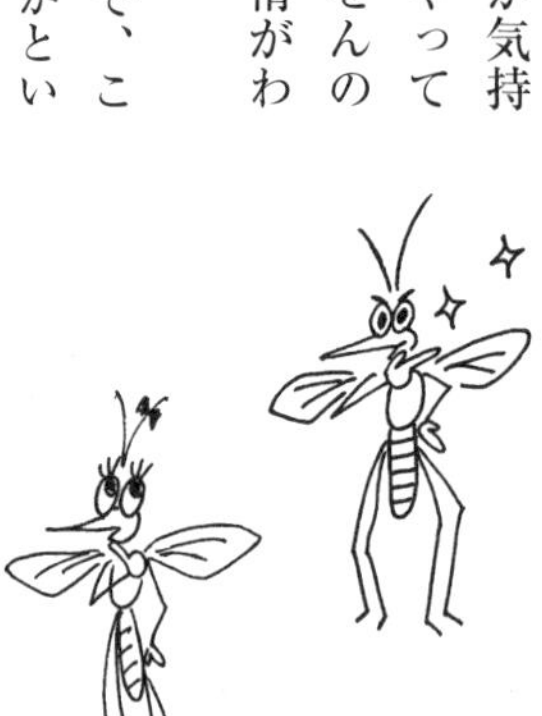

青少年向けのテレビ番組に集団見合いのようなものがあります。同工異曲の番組が何年か続いては中止され、また類似番組が始まるという具合であります。蚊ばしらに似ていると思えばおかしい気がしてきます。蚊はまさにオスばかりでお見合いの最中だったのです。だから通り抜けても刺されなかったのでした。少し心配になってきます。何百匹もいるオスはみな無事にケッコンできるのでしょうか。そうは思われません。ではどんなオスがメスの気にいるのでしょうか。「背が高くてヤサしくてお給料のいい」オスなどということになるのでしょうか。きっと蚊にもハンサムなやつと不細工なやつとがいるに違いありません。メスはやはり「あたしメンクイなの」などと言うのでしょうか。

ちょっと調べてみたのですが、この辺りの事情までわかるものがありませんでした。よくわからないので勝手に想像してみます。やってきたメスはオスをいろいろな角度から品定めしながら乱舞の中に入っていくのです。きっと蚊ばしらの中央部にはとびきりハンサムで魅力的なオスがひしめき合っているのでしょう。周辺部にはどうもサエないオスが本人も気乗りしない様子で飛んでいるのかもしれません。そんなところだろうと想像します（想像だから当たっているかどうか責任は持てません）。

どうしてこんな想像をするかといえば、この蚊ばしらを人間集団の模型としたい野心があるからなのであります。ひとの集団はみんなこんなふうになっているのではないでしょうか。ただし、集団のイメージは柱というよりは円錐かもしれません。あるいは富士山でしょうか。中央部は高くて少数です。すそ野は広がって多数です。

ジュンは中央部をめざして切磋琢磨します。中央部で安定するには多くの支えが必要です。ひとの顔色を読むことに細心な気配りを用います。空を見上げているような暇はあまりなく、遠くを見通す能力には欠けたところがあります。足元を見る余裕もあまりないので、時どき蹴つまづいて転んだりします（古くはロッキード事件、リクルート事件、ノーパンしゃぶしゃぶ事件、最近なら、むねおハウス事件など）。どこを見るかというと、周囲のひとの顔色なのです。ものを見通す尺度は「昨日、今日、明日」です。

ブンは中央をめざすことをしません。できないのです。ひとの顔色にも注意しません。どこを見ているかというと、てんでバラバラにあらぬ方を見ています。ものを見通す尺度は「明日、十年後、千年後」で、現実とかけ離れています。視線の方向は足元よりも空です。だいたいがすそ野の住人です。時どき山の中腹部のヘンなところにソッポを向いていたりもします。すそ野からさえ外れて転がっているようなひともいます。

チュンは中央もすそ野も特にこだわりません。場所など識別しないのです。気にいった場所というのはあります。そこが好きなのです。そこに執着します。そこばかり見つめて、どうかすると実力行使に及んだりします。ものを見通す尺度は「ツイさっき、いま、いまスグ」です。あるいは千万年のスケールです。どこにでもいますが、中央部には多くありません。

これが集団のイメージであります。こうすると、三つの気質配分の理由もおのずからわかるように思われます。ハンサムな蚊も不細工な蚊もみんなが中央部をめざすようだったら恐ろしいのではないでしょうか。蚊ばしら分布は窮屈に凝集されて、メスが入り込むアソビすらなくなってしまいます。

人間集団でも同じです。ちょっと考えるとブンなどは集団に必要がないと思われるでしょうか。ブンが集団のまわりを付かず離れずウロウロする理由はわかります。一人では生きていけないからです。しかし集団の立場からすると、こんなアサッテを向いたようなノーテンキなのはいなくてもいいのではないかということになります。安永浩さんによれば、そうではないということになります。周囲の顔色をはかり合うひとや、キョロキョロ視線の定まらないひとだと空のかなたを遠く見通すことがおろそかになります。ブンは集団のレーダ役をになうのです。

絶妙の配分といえましょうか。遺伝学者のいう疾病傾向ということが思い出されます。あるひとはカゼをひきやすいけれど肝炎には強いとか、その逆とかの感染耐性に個人差があります。あるひとはガン死の家系だけれど、循環器病には強いとか、いろいろあります。このようにして何かの事情で集団が全滅することのないように、疾病傾向のバリエーションが集団の遺伝子プールに蓄えられているのです。

気質のバリエーションも同じなのではないでしょうか。
この配分が絶妙に見えるからといって、すべての集団がこのような配分になるというわけにはいきません。五人きりのサークルや小さな有限会社などはこうなりようがありません。いやもっと大きな文化集団にしても、同じようになるとはいえません。すでに第1章で、個性の配分比がほかと異なっている文化集団を引用しました。文化や民族を単位に見ても気質差が見られると思われます。これは安永さんの示唆するところですが、ここでは議論を省略します。

第2節　個性モデルの使用法

おしまいに本書で説明してきた個性モデルの使用法を述べておきます。使用法のポイントは劇薬と同じであります。つまり「乱用慎むべし」ということになります。どの職場、どのサークルでも、ひとの集まるところでは必ず人間関係のもつれは起きるものです。あるひとがうまくいかないで悩んでいるとき、みんなになじめないで苦しいとき、このようなときにひそかにプライベートに使用します。自分の個性と周囲の人びとの個性をモデルに照らして比べてみると、なぜうまくいかないのか理解できることが多いでしょう。

「わかる」というのはたいへんな効用があるものであります。人間関係のもつれが、「なるほどこうなるのはモットモなのだ」と納得されると、「これでイイのだナ」という気がしてきて、それだけで悩みがなくなってしまうかもしれません。少なくとも軽減されることは請け合えます。なぜそうなるのか、いくら考えてもわからないというのはあらゆる辛さのなかでも最も辛いのではないでしょうか。このような効用はブン的な効用といえます。しかしどんな気質のひとにとっても「わからない」のは苦しいことであります。この悩みからの解放にモデルが役立ちます。

どんな薬にも悪用ということがあります。本モデルも同じです。「あのひとは……型のひとだ」という仕方で乱用するのは避けたいものです。固定した見方は、もし判断を誤ると失礼なだけでなく、自分自身にも損失が返ってきます。判断が正しくても人間関係を率直に営めなくなります。万事こだわりない付き合いがいいのではないでしょうか。その結果うまくいかないこともあり、悩みをかかえることもあるのですが、その方が妙味があるというものです。悩みが高じてニッチもサッチもいかなくなるとき、そのようなときこそプライベートな使用法の出番であります。こっそり自分のなかで使用する、これが肝要であります。

どうしてこんなことをくどくいうのか不審に思われるといけないので、さらに説明を補足します。知能や性格判定の心理テストの類は掃いて捨てるほどあります。たとえば、巻末文献の18においては三七〇種が取り上げられています。本書のモデルはテストとして標準化されて売り出されてはおりません。故意に保留しているのです。判断の材料はテスト質問への応答ではなく、日常生活での行動パタンなのです。専門家に頼るのではなく自分で判断するのがミソです。あくまで私的な使用をねらいとしています。これが第一点です。第二点はもっとメジャーな視点が問われます。

学生さんなどに「科学」について尋ねてみると、たいていのひとが「事実を研究し、事実によって検証される理論的追及」というようなイメージで考えているのがわかります。学生に限らず、心理学者の多くが同じように考えています。それは間違いないのです。私は科学の理論は事実と直接関係するものではないと思います。私の説は科学「ツー・モジュール」説といいます。理論は事実ではなく、モデル（純化された模型的事実）と対峙します。たとえば、ニュートン理論は落下するリンゴという事実ではなく、質点というモデルによって議論されます。三つの個性というモデルによって個性の理論を構成しているのと同じです。では、落下するリンゴという事実は理論とどうかかわるのでしょうか。それはモデルとの類似度によって間接的に理論とかかわるのです。

理論と実験とは直接に関係することがないのです。それは関係させようがありません。種子島のロケット打ち上げ実験をニュートン理論の検証実験と考えるのはこっけいではないでしょうか。打ち上げが失敗したときに「ニュートン理論は否定された」というひとは（実験心理学者以外には）おりません。打ち上げが成功しても「ニュートン理論は確証された」というひとも（実験心理学者以外には）おりません。図9－1をご覧ください。

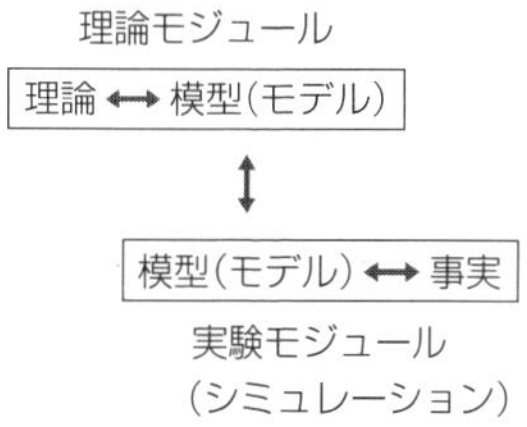

図9－1　科学ツー・モジュール説

この図のように、理論は事実と直接には関係し得ないのです。事実は複雑すぎて理論の手には負えないのです。理論どおりの事実など一つとしてありはしないのです。中学や高校で勉強した幾何学を思い出してみましょう。先生が二等辺三角形を板書します。心配性の先生だと「これは厳密にいうと二等辺ではないけど、まあ二等辺だと思ってください」などといいます。私たちも厳密な二等辺でなきゃイヤダなどとダダをこねません。事実として二等辺でなくても、二等辺とみなして勉強できるのです。

私たちは事実そのものを研究しているのではないといわなければなりませ

ん。理想的な二等辺があるものとして（事実としてそんなものがあるはずはないのに）、その理想的モデルを研究しているのです。板書された図形は仮の姿で、本当はそのさらに向こう側にある理想の図形こそが幾何学理論の相手なのであります。ニュートン理論でも、プレートテクトニックス理論でも、そのほかのどんな理論でも同様であります。事実そのものではなく理想的な事実（事実モデル）が相手なのです。本書の個性理論も例外ではありません。

この理想的なモデルが事実とどれほど一致するか確かめるのがシミュレーションであり、実験であります。科学的知識とはこのように二段階、ツー・モジュールで成り立つものなのです。このことを十分意識しないと、理論から事実への危険な飛躍、昔ふうにいえば「義経の八そう跳び」の危険を冒してしまうのです。工学からいくつかの例をあげましょう。

①自動車という事実　自動車を設計するエンジニアは安全性についてトコトン確信してから市場に出しているはずであります。ところがこの確信は理論上のことにすぎません。製品を購入したユーザは理論ではなくて事実のなかで運転します。理論では考えもしないようなことが起こります。いくらでもです。昭和の昔に栃木県を走行中の自動車が道路陥没で落っこちてしまいました。その辺り一帯は地下に大谷石の切り出し場があり、何十メートルの掘り穴が分布していたのでした。設計者は大谷石の切り出し場センサーを取り付けようとしなければなりません。仮に首尾よくセンサーが開発され、リコールして全車に取り付けたとします。「今度こそ安全だ」と確信し直します。すると間もなく今度は東京の御徒町を通行中の自動車が地下鉄工事のところで突然の陥没事故に遭遇しました。事実は理論よりはるかに奇怪なことに満ち

ています。

②ジャンボジェット機という事実　設計のエンジニアは安全性を徹底的に確認しました。やはり昭和のことですが、羽田空港ではエンジンにカモメが飛び込む事故が頻発しました。そこでエンジニアはカモメの「飛び込み阻止機」を開発し取り付けるものとしましょう。理論上これで安全だと確信し直します。しかしほどなく、同じ羽田で着陸寸前のところで発作を起こした機長が逆さまに東京湾へ突っ込んでしまう事故が起きました（「機長何をするのですか」という副操縦士の悲鳴がフライトレコーダに残っていました）。自動車事故は五人の死亡事故が最大でしょうか。ジャンボ機だと五百人ということになります。

③原子力発電という事実　設計委員会は最高級の科学者を集めてつくられています。委員会はくり返しくり返し安全性を確認しました。仮に防ぎきれない事故が起きても、炉心の溶融（チャイナシンドローム）にいたるのは防ぐことができると確信し、発表しました。この確信は理論上のことでした。それをもって原子力発電所という事実をつくってしまうのは「義経八そう跳び」の危険を冒すことになかなか気づきません。スリーマイル島、チェルノブイリをはじめ、いたるところで事故が起きます。委員会は場あたりの対症療法で「今度こそ安全」と宣言し続けています。この場合リスクの度合いは不明です。ジャンボ機より大きく見積もるべきなのではないでしょうか。

④共産主義社会という事実　マルクスとエンゲルスは「搾取のない平等社会」を構想しました。レーニンや毛沢東などが理論をいっそうすすめました。「能力に応じて働き、必要に応じてとる」のです。理想として完璧であり、すばらしい理論です。この理論がいくつかの国で

事実化されました。事実は理想とズレてしまったことが否定できません。この歴史的出来事の犠牲者は何人と計上すべきでしょうか（念のため付言します。私自身は共産主義という理想が好きです。ただ理論と事実は別モジュールだということをこれについても指摘できると思うので書くのです。実際には政治家の政治行為はみな「義経八そう飛び」です）。

⑤その他　例示はいくらでも追加できます。二十一世紀は生物学の発生理論を事実へ飛躍させる技術と人工知能技術の応用などが目立つことになるでしょう。クローン技術、見切り発車してしまったサイバースペース技術（ここを書いている二〇〇三年一月末にも韓国のネットがDOSアタックの大被害にあったというニュースが流れました）、宇宙をゴミ捨て場にする宇宙開発（二月には米国のスペース・シャトルが空中分解したというニュースがありました）、などなどです。

⑥気質の事実　私はクレッチマー、安永浩、村木健郎などの精神科医、久保田正人、糸井尚子、北原靖子、加藤知佳子などの心理学者から学んだことをもとにして本書のような気質と性格の理論をまとめました。責任はあげて私にあります。この理論を自分という事実に当てはめてみると迷うところがあります。あるときはチュンと思います。次のときはブンと思えたりします。こんな次第なので、理論を他者という事実に当てはめるのはおおっぴらにやらない方がよいと思うのです。京大卒業の知人が「血液型を採用の条件にしている会社がある」と教えてくれました。理論を事実に「八そう跳び」させるのは危険なことだ、と私はいいたいわけであります。個性の理論も例外ではあり得ません。

人間関係で悩まされることは職場どころか家庭でもめずらしくありません。そういうとき、ひそかに私的に使用するという使用法にご配慮ください。慎ましやかな効能であります。科学理論の副作用がいたるところで起きているときです。慎ましやかなのはむしろいいことではないでしょうか。個性理解のために本書がプライベートに役立つことを願ってワープロのスイッチを切ります。（クイット！）

付録……心理学メモ

〈定理集〉

心理学を理論的に研究すれば思いもかけないいろいろな定理が提出されてもおかしくありません。素朴経験主義の伝統的な実験心理学的な研究では定理が出てくることはあり得ません。なぜなら事実は一意に決着する単純さを持たないからです。

たとえば、運動視の知覚心理学を研究するうちに、私は次のような定理を発見しました。

定理……三次元空間内の一直線上にない任意の三点がつくる三角形において、各辺を垂直二等分する平面は一つの、そしてただ一つの直線を共有する。

(これ自体は些末な定理であります。しかし視覚系が運動解析でこれを利用する知覚過程のシミュレーション・モデルは些末でない有用性を示すのです)。

実験心理学では「既成の数学や統計学が心理学に役立つはずである」と信じているかのようです。統計学などの学習が初学者に強要されます(チョムスキーは大学院生にさえ強要される奇怪な事実を指摘しましたが)。このような実験心理学者たちの固い信念にいかなる根拠があるのかと考えると、何も明白なものはないと思われます(大事な問いなのでくり返せば、統計がなかったら発見できなかった重要な事実が心理学に何かあるのでしょうか。あるいは、統計を駆使したがゆえについに見つかった重要な事実があるのでしょうか)。もしもニュートンがこのような(既成の静的数学で運動現象を解決できるという)固い信念にとらわれていたとしたら、彼の物理学は微積分に到達せず完成できなかったことになります。

実験的取り組みより先に理論的に取り組むことが行なわれれば、心理学研究からさまざまに意想外な定理が発見されてもおかしくないということに、心理学も気づいてほしいものです。私はこうしたことを二十年間にわたって述べてきました。また、ただ主張するだけではなく、久野雅樹さん(電気通信大学)、金沢創さん(淑徳大学)、加藤知佳子さん(豊橋創造大学)らの協力を得て、「言語獲得の謎を解く」ということに全力を傾注した成果を巻末文献17に著しました。久野さんの言葉を引用すれば、心理学研究に「紙と鉛筆で取り組む」ということがあってよいのです。それによりこれまで誰も掘り出そうとしないままに埋もれている定理が発見されることが期待されるのです。

さて、本文で提示された定理は以下のとおりです。

【定理1】 天真爛漫さ(I)は年齢(A)に反比例する

$$I = \delta e^{-\alpha A}$$

【定理2】 極寒の地には気性のやさしいひとが住む

数式でない定理があってもよいのではないでしょうか。和歌でもよいのです。

世をすてて　山に入るひと　山にてもなお憂きときは　いづち行くらむ

(古今集　第九五六番)

【定理3】 他者の眼が注意をひきつける力(E)は距離(L)の二乗に反比例する

$E=\beta/L^2$（眼有引力の法則）

【定理4】 創造性（C）は社会性（S）と背反関係にある

$C+S=\gamma$

【定理5】「われ」（M）の重みは成長（G）とともに単調に増加する

$M=1-e^{-\eta G}$

【定理6】 恐怖・不安（T）の大きさは距離（L）の二乗に反比例する

$T=\kappa/L^2$

定理6の意味理解モデル……

①学生にとって、いつかくる地球破滅の恐怖よりも期末試験の恐怖の方が大きい

②一匹の動物への虐待を非難するが、動物を絶滅させる環境破壊は気にしない

定理6の系　ブン、ジュン、チュンの定理6における係数（k）の値は大きさが異なる。

$\kappa_{ブン}>\kappa_{ジュン}>\kappa_{チュン}$（ファントム距離の個人差定理）

〈理論的な補足集〉

【1】モジュール

図Ⅰは小説『アンナ・カレーニナ』の冒頭の文であります。幸福はあらゆる要求が満たされていなければ得られないものです。お金があり、家族と友人に恵まれ、仕事もうまくいっていても、奥歯が痛ければそれだけで不幸になってしまいます。幸福は多様な要素がすべて満たされている状態なのでどのひともみんな同じ状態になりますが、不幸の要因は多種多様であり得ます。人間のこころは多くの要素（モジュール）に分解できるということがトルストイによって図Ⅰのように表現されたと見ることができます。

幸福な家庭はみな
その幸福を同じうしているが
不幸な家庭はそれぞれに
その不幸を異にしている。

（トルストイ『アンナ・カレーニナ』より）

図Ⅰ　人間性のモジュラリティの表現

認知科学や心理学のモジュールという語の成り立ちを調べておきましょう。

（1）エンサイクロペディア・ブリタニカやオックスフォード辞典などには、ラテン語由来の言葉であり、大きな作品をつくりあげるための小さな規格の部品などを意味するということが記されています。建築用語でいえば屋根のかわら、壁のタイルなどがそうであり、また、屋敷を構成するさまざまの部屋に適用することもできます。

（2）モジュールとは相互に独立した単位部品のことです。部品同士は相互不可侵・不介入の関係にあり、また、代替可能（壊れた部品を新しい同一規格部品に代替することも、隣り合って置かれている部品同士を左右入れ替えることもできる）という意味でどの単位も独立しています。座敷を敷き詰めるタタミ、風呂場のタイルのようにどれも同じとみなされる部品が建築用語としての本来の意味でありま す。しかし家電製品などの場合には同じ部品とは限りません。製品を組み上げるための部品一般を指すように拡張されています。オーディオシステムのスピーカーやチューナーやアンプをコンポーネント・モジュールとよぶのはこれであります。部品一般に拡張されたことによって、部品同士の関係が単なる併置可能性ではなく、相互の連携関係という構造に意味づけが変わります。その結果、モジュールの代替可能性は（スピーカーAを別のスピーカーBに置換する同一部品の水平的置換は可能ですが、アンプとスピーカーのように連携配置された部品の垂直的置換は、システム機能を崩壊させることになるので不可能となり）水平的置換に限局されます。認知科学や神経科学のモジュールという語では意味の制約がさらに強まります。工学の用語を生物学的な用語として最初に用いたのはチョムスキーだったと思われます。その著『言葉と認識』では、モジュラリティの概念は生得性の概念と連関しているとされ、次のように論じられています。

「肝臓に対する指令と視覚系に対する指令が異なることを疑うものはいない。『初期構造が貧困であり、経験につれ豊かな構造を獲得する』という仮定は身体器官では受け容れがたい主張であるが、脳（『心的器官』）ではありふれた主張となる。心的器官でも同様であることは、知覚機能などをみれば了解される。」

これは強い提言なのです。また、これだけでは誤解を生む余地があります。どんな身体器官もからだ全体のシステムの下位システムとして存在しているのであり、いわば身体器官のネットワークの下位ネットワークをなしているといえます。肝臓はその器官単独では意味がなく、たとえば消化器系の胆汁分泌器官として意味が生じるのです（肝臓が参与する生体ネットワークはほかにもあってよく、実際に循環器系の重要な役割を担ってもいます）。

チョムスキーの比喩は暗黙に次のことを述べたと解すべきでしょう。すなわち、言語は人間の精神（こころ）のシステムの下位システムであり、他の精神システムと一定の仕方で情報を授受しあう単位部品である、と。このような（言語モジュールという）考え方に対して根強い反対意見があります。たとえば、神経心理学の確立者であるルリアの弟子で現ハーバード大学教授のゴールドバーグがそれです（巻末文献15）。ブラウン大学教授のリーバーマンもそうであります（巻末文献16）。ラシュレイの時代（二十世紀半ば）には局在論に対する全体論の反論がありました。現在でもそれは変わらないのです。

（3）脳におけるモジュラリティの主張は、そもそも何が主張されているのか、という点を十分に吟味したうえでなければ賛成も反対もいいがたいものであります。端的な例をあげれば、脳の組織単位が細胞というモジュールでできているという主張を否定するひとはいないでしょう。チョムスキーと同時期に神経心理学の領域でチューバーにより脳機能のモジュラリティを決定する際の基準として二重解離の原理（principle of double dissociation）が定式化されました。それは今日の認知神経心理学では次のようにまとめられております（スロン、コルトハート）。

「二重解離の原理……課題Aを実行するためには情報処理のシステムXが必要であり、課題Bの実行にはシステムYが必要であると仮定しよう。脳の一部に病理的障害を負う患者の心理行動的障害像から脳機能（心的機能）の成り立ちについて次のように仮定するのを二重解離の原理という。脳の機能系にXとYが二つの情報処理システムとして独立別個に存在するというためには、X機能は健全だがY機能が障害されている患者の存在とともに、その相補的患者像としてX機能は障害されているがY機能が健全な患者も存在し得ることが確証されねばならない。」

（4）モジュールという概念の理解は人間を構成的にとらえるうえで最も重要な概念の一つであります。チョムスキーもフォーダーも明瞭な定義を与え得ていない、というのが私の感想であります。リーバーマンやゴールドバーグの反モジュール説は問題を曇らせてしまう立場でなおさら同意できるものではありません。

【2】ファントム距離

巻末文献7で私自身が記述したことをやや加工して転載します。

眼をとじて親しいひとのイメージを思い描くと、そのイメージはまぶたの辺りに浮かんでいるような感じがします。また、富士山を思い浮かべてもやはりまぶたの辺りに浮かびます。どのイメージもいつも一定のところに位置していて、イメージが脳内に侵入することも、はるか彼方に遠ざかることもありません。いわば、まぶたの辺りにあるスクリーン上で、遠近差のある風景が配置されるのです。この距離を「ファントム距離」として解釈するのが一つの解釈法であります。この距離に異常が生じると「世界の遠ざかり」効果などが生じる、というのが安永浩さんの分裂病についての理解であろう、と思うのです。

【3】意味モデル

言葉のやりとりの際、私たちは相互に意味を理解し合っているつもりでおります。「意味を理解できる」ということは、「言葉に当てはめるモデルがある」ということであります。相互に等しいモデルを当てはめているならば誤解は起こりません。しかし違うモデルを当てはめているときには、誤解が生じます。

本文中にユクスキュルの「生きるということは意味に耐えるということだ」という言葉が出てきました。この言葉を聞いただけで意味がわかるひとは（私の出会ったひとのなかには）一人もいませんでした。みな当てはめるモデルが見当たらなかったのです。しかし蟻によって通路という意味を与えられ、蜂によって食べ物という意味を与えられて生きている野バラというモデルが示されるや、意味把握がすべてのひとで成立しました。

誤解（当てはめるモデルのすれ違い）の例として次の笑い話はどうでしょう。

女性「太郎さん、あなたが私と結婚したのは、実は私が持っているオカネだけが目当てだったの？」

太郎「そんなことあるもんか。まだ、株券だって、宝石だって、別荘だ

って、土地だってあるじゃないか」。

もう一つスレ違った意味モデルの例をあげます。

国会議員選挙の候補者は「国民のために全力をつくす」ことを誓います。選挙民はそれを聞きながら、「そうか、国民、つまり私のために骨折ってくれるのか」と思います。しかし議員は「国民、つまり私のために死力をつくそう」という決意を述べているのかもしれません。この「スレ違い」の**意味モデル**となる新聞記事があります。

「(小泉内閣は公共事業という利権政治の削減を政策として掲げたが)二〇〇三年一月七日、自民党は『真に国民に必要とされる事業を展開するため』公共事業投資を推進する、という運動方針案を決定した。」(朝日新聞、二〇〇三年一月八日)

この場合、「国民＝自民党の族議員」という意味モデルを当てはめて解釈するのが至当でありましょう。

以上のような考え方が「モデル準拠意味論」という立場ですが、この立場はすでに本居宣長によっても次のように述べられています。「ただにいひては、ことゆきがたき心も、萬の物のうへにたとへていへば、こともなくよく聞こゆること、多くあるわざ也――ただいうだけではわかりにくいことでも、ありふれたことがらでシミュレーションしていえば、すっきりよくわかるものですよ」。

【4】創造性

男性も女性もなく、そもそも人間に創造性などないということを、巻末文献の17で次のように述べたことがあります。

「ロボットには創造性などないのではないか、ロボットにできることといえば、せいぜい『くみこみ済みの知識の新しいくみ合わせをつくる』くらいのもので創造性などあるはずがない、というわけです。……どうも人間は『自分が創造性をもつ』ということをあまり疑ってみようとはしないようです。しかし私は自分の創造性に確信がもてない者なのです。というのは、私は自分が創造できないことがどっさりあると思うからです。宇宙をもう一つつくることは私にはできません。理想的な家庭をつくることも戦争をなくすることも（いまのところまだ）できておりません。

さてそこで、『何でも創造できるわけではない』のに創造性があるというのはどういうことなのでしょうか。もしかすると思いあがりなのではないでしょうか。次の文はある作家の創造したものです。

○彼は考えるときも言葉を選んで考えた。

○彼はこころのなかで自分のことを彼と呼んでいた。

ここには恐ろしい創造が示されています。しかしその創造の秘密は新しいくみ合わせにあります。ボスやダリの絵画などは典型的にそうですが、芸術や科学の創造なるものも、よくよく突き詰めると『すでにあるものの新しい組み合わせ』をこえるものはないように思われます。ひょっとしてこういうのが正しいのではないでしょうか。たしかにロボットには創造性はない、その点で人間と同じだ、と」

【5】眼が合う条件「正中面左右三度のズレ」

その行動幾何学的な意味を図示します。二人のひとが六〇―七〇センチの距離をおいて対峙するのは親しく向かい合う会話場面などの典型的なあり方といえましょう。この条件において、見詰め合う眼は相手の左右どちらの眼を見てもよく、また両方の眼をランダムに往復してもよいわけです。左右三度の

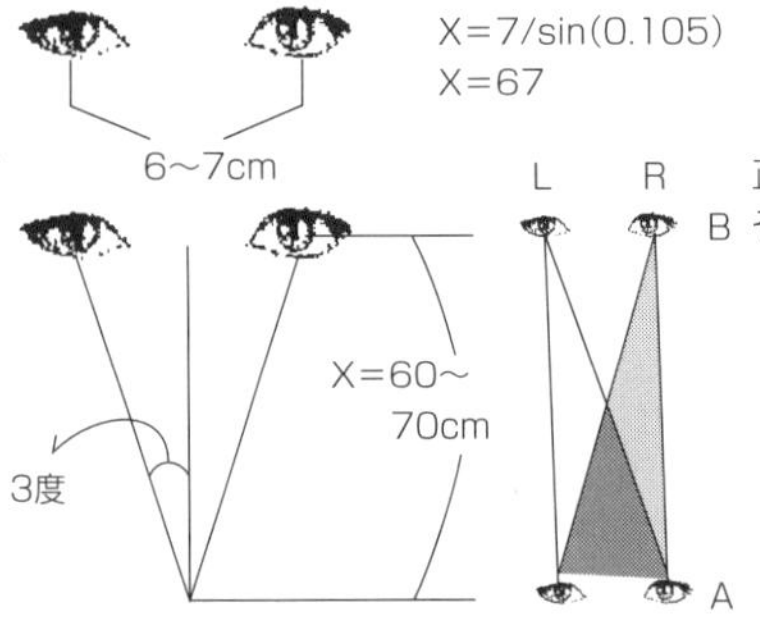
正中面から左右に3度（0.052rad）のズレ
その意味解釈モデル：
AさんとBさんが60から70cmの距離で向かい合っているときに，AさんがBさんの眼を見つめる場合
（1）Aさんの両目がBさんのLに見入る
（2）Aさんの両目がBさんのRに見入る
2つのどちらでも見られていると知覚する

図Ⅱ　正中面の左右3度以内という制約の意味モデル

ズレはそのような許容範囲を示しているとするのが一つの解釈であります（図Ⅱ参照）。

【6】実験心理学の素朴実証主義ということ

実験心理学はほかの諸科学と異なる「不思議な科学論」に牛耳られています。なべて研究は、①まず仮説を提示しなければならない、次に②この仮説の妥当性をテストするような実験を行なわなければならない、最後に③実験結果が仮説（から生まれる予測）に合っているか否かに応じて仮説の妥当性を判断しなければならない、ということになっています。この息苦しいというべきか、おかしいというべきか、何とも形容しようのないような考え方が、実験心理学コースなどで学生さんに強要されるのは実に悲しい現実であります。二つの事態を意味モデルとして考えてみましょう。

（1）ニュートン力学を仮説として設定します（そこから適切な推力を有するロケットによって宇宙空間に人工衛星を設けることができるという予測が生成されます。その予測に基づいて）ロケットを打ち上げる実験が行なわれました。運悪くも、ロケットは軌道に乗らず実験が失敗してしまいました。

（2）子どもの人格発達に両親の夫婦間親密性が影響を与えるとい

う仮説を設定します（夫婦間親密性の評定値と子の非行行動の回数との間には負の相関がある、という予測が生成されます。その予測に基づいて）三百の乱選抜家族サンプルについて質問紙調査が行なわれました。運悪くも、何ら有意な相関が検出されませんでした。

この二つの実験についてどのように考えるべきなのでしょうか。常識的には、仮説の妥当性は実験によって否定されるものではない、と考えるべきでしょう。通常の科学者たちも、同じように、考え方の妥当性は実験結果によって判定され得ないと考えます（だから、ニュートン力学を教科書から消すのではなく、ロケット打ち上げをやり直そうとするのです）。常識と通常科学がそのように考える理由は簡単です。実験が仮説（と予測）に反する結果を生む理由は、「仮説が誤りだから」ということのほかにも無慮無数にあり、一般にはどの理由でそうなったか到底決定できないからなのです。一人実験心理学者だけは奇矯な判断を示します。実験心理学者は、（1）の場合ならニュートン力学は否定され（物理の教科書を書き変えよう）、（2）の場合なら親密性効果は調査結果により否定された、とするのです。ポパーやヘンペルらの唱導した「反証主義」という誤った科学理論を尊重する科学者は今日でもたくさんいます。しかしそれを「研究法」として学界全体が学生に強要するという病弊は心理学固有のもので、これが斯学の自由な発展を阻害しています。

テスト項目の例

（実践女子大学生活文化学科で現在開発中のテスト項目群から許諾を得て転写
この質問項目の主語は「自分」である。主語を「あのひと」で使用するのも可とする。）

［はい　　いいえ］

新年には皇居の一般参賀に自発的にでかける
祝祭日などには国旗を掲揚する
政治家の後援者にはすすんでなる
地域の自治会役員をやる
学校行事などにはすすんで参加する
首相の意見は大体サポートする
新聞やＴＶ解説者のいうことは信じる方である
何に対しても興味をいだきやすい
サッカー応援でほっぺたなどにペインティングする
満席のバスの下車停留所の放送に応じてボタン押しをする
解決できない悩み事があると相談室にいく
地球の未来を考えると心配になる
人間の知識をもって地球の滅亡などは防げる
多くの人たちのおかげでここまで成長できたと思う
ラブレターを出して断られたらしかたないと思う
ラブレターは書けないか、書いたとしても渡せない方だ
ものごとを現実に基づいて判断する方だ

オープンで自由な生き方をしている
なにをするにも理想をもちその実現をめざす
遊びの雰囲気に抵抗なくとけ込める方だ
自分勝手な人間だと思うことがよくある
買い物や食事は一人でするのが気楽でよい
集団にすぐとけ込める
ひとに心配されたり、世話をやかれたりするのはいやだ
体育祭や文化祭で中心的な役割を負うのは避けたい
さんざん考えた末ものごとをやらずに後悔することがよくある
話をしているうちにだんだん話がエスカレートしがちである
聞いた話はそのまま正確に伝える方だ
聞いた話は要点だけを伝える方だ
ものごとはまずやってみようという方だ
ひとの集まりでいつのまにか中心人物になることがよくある
仲間うちではあまり発言しない方だ
自分の部屋がいちばん落ち着ける
グループ旅行より一人旅の方がよい
一人でいるよりみんなでいる方がたのしい
個人競技より団体競技の方が好きだ
発想が豊かでイメージを作り出すのが得意な方だ
冗談を言ってひとを笑わせることが好きだ
自分の思い通りにことが運ばないと不機嫌になる

自分はいつも冷静な方だ
好きなひとに告白して断られたりすると腹がたつ
友達がたくさんいる
カッとなると抑えようがなくなることがある
打ち明けばなしは滅多にしない方だ
人前で歌ったりするのは苦手だ
合唱やカラオケが好きだ
他人に対して好奇心が強い方だ
けんかをしたとき自分からは謝らない方だ
誰とでも騒いだりはしゃいだりして楽しめる方だ
環境問題よりも今たのしめることの方が大事だ
自分はプライドが高い
人間関係はうまくやっていける方だ
お祭り騒ぎが好きだ

引用文献

1. ウォーコップ（深瀬甚正 訳）ものの考え方 講談社 1984
2. 安永 浩 精神の幾何学 岩波書店 1987
3. 久保田 正人 言語・認識の共有 講座「現代の心理学」第5巻 小学館 1982
4. ボック（江淵一公 訳）現代文化人類学入門 講談社 1977
5. ブライテンベルグ（加地大介 訳）模型は心を持つか 哲学書房 1987
6. 新井 康允 脳から見た男女 講談社 1983
7. 須賀 哲夫 理論心理学アドベンチャー 新曜社 1989
8. 久保田 正人 二歳半という年齢 新曜社 1993
9. 安永 浩 中心気質という概念について「てんかんの人間学」所収 東京大学出版会 1993
10. クレッチュマー（内村直之 訳）天才の心理学 岩波書店 1982
11. 養老 孟司 唯脳論 青土社 1989
12. 須賀 哲夫 知覚と論理 東京大学出版会 1980
13. 北原靖子・加藤知佳子・渡辺千歳（編著）ヒトらしさとは何か――バーチャルリアリティ時代の心理学 北大路書房 1996
14. P. Lieberman *Human Language and Our Reptilian Brain*, Harvard U. P., 2000
15. E. Goldberg *The Executive Brain : Frontal Lobes and the Civilized Mind*, Oxford U. P., 2001
16. L. R. Aiken *Personality Assessment : Methods and Practices*（3rd ed.）Hogrefe and Huber Publishers, 1999
17. 須賀哲夫・久野雅樹（編著）ヴァーチャル・インファント 北大路書房 2000
18. K. Corcoran & J. Fischer *Measures for Clinical Practice*（3rd ed.）The Free Press, 2000
19. アイヒバウム（島崎敏樹・高橋義夫 訳）天才――創造性の秘密 みすず書房 1975
20. L. Corman *Visages et Caracteres*. Presses Universitaires de France, 1985

あとがき

心理学には大きく三つの流れ（学派）が区別されます。その三つに「人間とはなにか」ということを尋ねてみるとしましょう。するとそれぞれの答え方が異なると思われるのです。

一．「人間は人間だ」（臨床心理学と日常・通俗の心理学）
二．「人間は動物だ」（実験心理学）
三．「人間は機械だ」（認知神経心理学）

二十年ほど前までは二番目の流派が心理学の主流でした。そしてそれが当然と見られていました。もっとも、主流といってもあくまで学者世界の主流ということで、日常人の心理学は常に一番目の流れに限られていました。今もそうですし、またこれからもそうであり続けると思われます。また、学界主流といっても多数を占めていたわけではありません。多数派は常に一番目の流れでありました。永年にわたり、この多数派は何故か学会の運営に強い関心を示さない多数派だったのです（外の世界で忙しかったからなのでしょう）。

こんにち心理学の世界はある変化を示しつつあるように思われます。アメリカ心理学会に会長職などをめぐって一種の革命が起こりました。永年にわたって学会のヘゲモニーを掌握し続けてきた二番目の流派に一番目の流派が交替を迫り、多数派なのでそれが実現したのです（何故そのようなことになったのでしょうか。その問題はたいへん興味深いことなのですが、ここでは論じないことに致します。その微妙な問題に対して二番目、三番目の心理学には答える用意がありません。答える用意があるのは、1番目の流派だけなのです。こうした問いかけは人間関係にふれていて、実験などになじまず、それ故に小説的な答え方となるからなのです）。

上とほぼ同じ時期にもう一つの変化が認められました。ＭＩＴで（学界全体ではなく、ひとつの特殊な大学で、ということに注意）心理学科が廃止されるという出来事が起こったのです。これもまた二番目の流派に対するネガティブな評価の反映と見ることができます。しかしこれは一番目の流派ではなく、三番目の流派への交替なのでした。小さな出来事のようですが、これは私には象徴的な出来事と思われます。二番目の流派でもっとも着実な歩みを続けてきたのが知覚研究の心理学であることに疑う余地はありません。しかしこんにちの知覚心理学は半世紀前の実験現象学的な内容から一新されて、認知科学や神経科学的な内容へと全面的に変化しております。二番目の流派は次第に三番目の流派に内容的に制圧されつつあると見られるのです。

クオリタティブ（質的）、ナラティブ（自分を語ること）、などの心理学が新たに起こりつつあり、イミュノロジー（免疫学）、ニューロ（神経）などの心理学は既に二十年にもなる歴史を重ねてきています。こうした状況のなかで、個性研究のあり方が心理テスト法によるものに限定されなければならない理由はありません。本書は上に述べたような心理学の変化と平行して、私が身近な講義に参考資料として持ち込み、使用してきたノート類に手を加えて出来あがったものです。

出版にあたり北大路書房の関一明さん、薄木敏之さんにはたいへんお世話になりました。編集部としては出版に踏み切るのに勇気が必要だったことと推察し、理解あるご寛容とご援助にこころからの謝意を表します。

二〇〇三年六月　　　　須賀哲夫

■索引■

【著者紹介】

須賀哲夫（すが・てつお）

1940年，茨城県生まれ。

1968年，東京大学大学院人文科学研究科博士課程単位取得退学。

現在，日本女子大学人間社会学部教授。

専門は認知科学，言語科学。

主な著訳書に『知覚と論理』（東京大学出版会），『理論心理学アドベンチャー』（新曜社），『ヒトらしさとは何か』，『ものの見方を見る見方』『ヴァーチャル・インファント』（以上共著；北大路書房），グザヴィエ・スロン『認知神経心理学』，ドラクール『脳はこころである』（以上共訳；白水社）ほかがある。

三つの個性

2003年７月10日　初版第１刷印刷
2003年７月20日　初版第１刷発行

定価はカバーに表示してあります

著　者　須　賀　哲　夫
発行者　小　森　公　明
発行所　（株）北大路書房
〒603-8303　京都市北区紫野十二坊町12-8
電　話（075）431-0361(代)
ＦＡＸ（075）431-９３９３
振　替 01050-4-2083

ISBN 4-7628-2325-2　Printed in Japan